DIANA FILIPPOVA

RIEN N'EST PLUS GRAND QUE LA MÈRE DES HOMMES

roman

ALBIN MICHEL

Publié en accord avec l'Agence littéraire Rubinstein, Paris.

Pour Ulysse

« Pour admirer mes cicatrices
Payez le prix. »

Sylvia Plath, *Dame Lazare*

« C'est une chose étrange, pensait Emma, comme cette enfant est laide ! »

Gustave Flaubert, *Madame Bovary*

LUNDI QUATRE

1

Le train filait à toute allure et le paysage s'enroulait autour de son crâne comme un épais ruban vert, mais Emmanuelle Borgia n'avait plus envie de vomir. Deux heures plus tôt, vautrée sur la banquette arrière d'une Tesla blanche, elle pressait sa bouche d'une main tandis que l'autre retournait son sac où devait se trouver une boîte de Vogalib toute neuve. L'antivomitif lui était en principe interdit, tout comme le livarot au lait cru, le rouge, les cigarettes des autres, et tant d'autres plaisirs auxquels on n'avait pas inventé de substituts innocents. Pour calmer ses nausées, l'épicier en bas de chez elle lui préparait une décoction de gingembre rehaussée de jus de citron et de sucre de canne, mais ce matin-là, elle avait traîné au lit trop longtemps avant de se résoudre à prendre un taxi. Et du gingembre dans les bouchons, aux abords d'une gare ? N'y pense pas. Que Constance lui pardonne, elle était une bien piètre patiente ; il lui fallait ce Vogalib, et vite.

Était-ce l'antiémétique illicite ou l'effet bienfaisant du Ouigo ? Emmanuelle avait retrouvé son calme, et c'était déjà ça de gagné. Depuis le wagon elle contemplait à présent les plaines de plus en plus vallonnées, le ciel de moins en moins sombre. Combien de fois avait-elle fait ce trajet, à cette place exacte ? Sept, huit fois, pas moins. C'était peut-être à Chambéry qu'elle avait écrit ses meilleures chroniques. Il faut dire que la région remportait la palme en matière d'affaires étranges, souvent insolubles, et dans le vaste paysage se déroulant à perte de vue, elle crut reconnaître quelque chose de leur mystère.

Emmanuelle ne savait presque rien du procès qui devait s'ouvrir le lendemain. La brève du *Dauphiné libéré* qu'Abdallah avait placée au début du dossier lui avait appris ceci : l'accusé, vingt-cinq ans, s'appelait Alexandre Bataille, et c'était un étudiant sans histoire à l'université de Chambéry, jusqu'à ce qu'un assassinat et une tentative d'assassinat le propulsent dans une cellule surpeuplée de la maison d'arrêt d'Aiton. Qui avait-il tué ? Pourquoi ? Emmanuelle n'avait pas eu la force d'aller jusqu'au bout. La pochette cartonnée à ruban de satin gisait sur le siège vide ; Emmanuelle lorgnait les arbres et les champs. Ce voyage serait son dernier.

Dernier voyage, dernier procès, dernière chronique – son chant du cygne. En six ans de carrière de chroniqueuse judiciaire, c'était la première fois qu'Emmanuelle se rendait à un procès les mains dans les poches. Fallait-il que Claude soit sur le point de la virer pour qu'elle capitule enfin ? Car Claude ne possédait pas de pochette à ruban de satin bourrée par les bons soins d'Abdallah de coupures de presse et de papiers de procédure judiciaire. Claude n'avait pas de stagiaire, elle travaillait seule. Claude ne lisait pas la presse, et certainement pas les ordonnances de mise en accusation. Pour elle, tous ces prologues aux assises étaient autant de pièges qui détournaient l'attention de ce qui comptait. Un bon chroniqueur n'avait besoin que de trois choses : ses yeux, ses oreilles, son carnet.

Dans la profession, on affublait sa boss de sobriquets plus ou moins amicaux – papesse, reine Claude, superjuge –, jamais, cependant, sans une note de déférence tant son art de la chronique coupait court à tous les sarcasmes. On louait son intuition animale des rapports de force, sa plume simple et virtuose, son talent de tacticienne. Avec Pascale Robert-Diard, la star du *Monde*, elle briguait la place de plus grande chroniqueuse judiciaire vivante, place inconquise depuis que Jean-Marc Théolleyre avait rejoint, vingt ans plus tôt, le royaume des plus grands chroniqueurs judiciaires morts.

Mais si ses chroniques étaient lues, et lues jusqu'au bout, c'est parce que Claude savait capter avant tout le monde les instants d'assises qui renversaient la table. Sa devise : l'accusé, rien que l'accusé, le procès d'assises est *son* procès. Contre la tendance générale, elle n'accordait aux suppliques des victimes et des parties civiles qu'un crédit limité. On ne l'en vénérait pas moins. Pour les journalistes comme pour tout le monde, il n'y a d'intéressant que les bourreaux.

Quand Emmanuelle avait rejoint six ans plus tôt l'équipe de Claude, elle avait été tellement intimidée qu'elle avait passé les premiers mois en apnée. Jusqu'alors, elle n'avait écrit que des enquêtes de faits divers et des storytellings de marque. Dans cette rédaction de haute volée, Emmanuelle espérait que Claude revêtirait les habits d'une guide.

Le problème était que Claude n'en avait pas l'intention. Elle parlait peu, commandait encore moins. On ne trouvait pas sa doctrine dans ses livres, puisqu'elle n'en avait écrit aucun. En six ans de compagnonnage, Claude ne lui avait donné que deux leçons. La première, peut-être six mois après son arrivée. Claude avait retrouvé Emmanuelle et Jérôme, son ami chargé du terrorisme et de la chancellerie, pour leur traditionnel banh-mi du lundi. Ils débattaient du dernier article de Maître Mô, un avocat blogueur auquel les trois journalistes vouaient une admiration partagée par des milliers de lecteurs. Devant cette chronique de sous-sol, Jérôme exultait, Emmanuelle raisonnait, Claude se taisait. Puis, entre deux bouchées, la patronne avait lâché : « Une bonne chronique contient ce que les jurés racontent le soir, au dîner, à quiconque se trouve à leur table. Point. C'est tout ce qui compte. Ne cherchez pas à être dans le vrai. Nous ne sommes que les témoins de la manière dont la justice est reçue : ceci n'est rien, ceci est tout. »

La leçon lui avait donné du fil à retordre. Emmanuelle n'en dormait plus, répétant cette maxime comme un mantra. Mais quand, deux semaines plus tard, elle avait écrit la chronique d'un triple infanticide, elle s'était dit qu'elle n'était pas d'accord. En fait, seule la vérité comptait. Et la vérité ne se trouvait presque jamais du côté du bourreau.

Si pour sa femme la carte de France se découpait en préfectures, le territoire national obéissait aux yeux d'Emmanuelle à la loi géographique des cours d'assises. Dans le huis clos des salles de variable fraîcheur, au milieu des familles, des avocats, des badauds, des confrères journalistes, son impatience céda devant le cérémonial fossile de la cour. Elle avait trouvé son rythme, élaboré sa méthode. Elle ne prenait pas de notes. Le soir, quand elle écrivait sa chronique, sautant le dîner, y passant une partie de la nuit, les mots surgissaient sous ses doigts au juste moment, les bonnes citations dictées par sa mémoire sans qu'elle eût à fournir le moindre effort conscient.

Elle avait fait son trou. Dans les tribunaux, ses longs cheveux roux, sa silhouette gracile flanquée d'une sacoche en toile de camion – avec son perfecto bleu pétrole, seul vestige de son passé de motarde – se reconnaissaient de loin. Les lecteurs aimaient ses chroniques au vitriol, les portraits tendres et mordants de la justice ordinaire, ses enquêtes historiques ficelées comme des romans à clefs, les interviews qu'elle avait le don d'arracher à ceux qui n'aimaient pas la presse. Mais depuis le procès des Troadec à Nantes, tout avait changé. Par une éblouissante soirée de juillet 2021, elle avait commis l'Erreur.

Quand elle avait reçu de Claude, venue à Nantes par le premier train, sa seconde leçon, il était trop tard ; Emmanuelle avait déjà signé son arrêt de mort.

La chroniqueuse déchue s'était retrouvée assignée aux affaires de dernier ordre. Le seul procès d'importance qu'on lui avait confié depuis l'Erreur était celui de Nordahl Lelandais, à Grenoble. Ce n'était pas un retour en grâce : Claude abhorrait cette affaire, jugée par l'opinion avant d'être jugée tout court. Et puis, comme toute la crème de la presse judiciaire, Claude et l'équipe étaient restées à Paris pour l'interrogatoire de Salah Abdeslam. Emmanuelle aurait dû en être ; elle n'en était plus.

La voix annonça l'arrivée imminente. Emmanuelle se réveilla en sursaut, rabattit ses jambes gonflées sur le sol. La rame était aussi déserte qu'au départ, le temps semblait arrêté. Six jours avant l'élection présidentielle, alors que le monde découvrait, épouvanté, les massacres de l'armée russe à Boutcha, la semaine s'annonçait décisive. Pour la passer enfermée dans le palais de justice de Chambéry, il fallait croire très fort à son métier. Ou avoir quelque chose à fuir.

2

Elle s'arrêta au milieu du quai. Frisson, creux au ventre : Emmanuelle chavira.

La dalle – terrible, soudaine, impérative. Si tu ne manges pas, tu vas t'effondrer.

Le matin, elle ne pouvait plus rien avaler, elle qui n'avait jamais pu se passer d'œufs et de fromage. À quoi bon puisque tout finissait par ressortir ? La nausée pouvait bien être réprimée un quart d'heure, mais cette attente se payait de vomissements plus agressifs et brûlants. Elle préférait la faim, au moins elle en oubliait la nausée.

En hâtant le pas sur le quai désert, elle songea qu'elle s'enfilerait bien un burger ou un kebab. Hantée par l'image de viande grillée et de sauce dégoulinante, elle prit dans le hall de la gare la sortie avenue du Maréchal-Leclerc puis, presque sur pilote automatique, elle s'arrêta devant Super Tasty Food.

Toque et blouse immaculées, le gars au comptoir prit sa commande : un tacos mixte steak haché, cordon bleu, cheddar, sauce samouraï. Supplément tome des Bauges ? – Et comment ! Le gars rit et se mit à confectionner son sandwich. Il était jeune, vingt ans à peine, de bons yeux, un côté gamin espiègle qui lui rappela la tête des gars dans sa ville natale.

Elle s'installa en terrasse sur une chaise en plastique blanc. Quand avait-elle mangé un kebab pour la dernière fois ? Pas le mets hipster du Faubourg-Saint-Denis, mais un bon vieux grec bien sale. Elle saisit le pain chaud à pleines mains, mordit dans la chair visqueuse, gémit : c'était un kebab authentique, de ceux qui vous plombent pendant des heures, il avait presque le même goût que ceux de ses 15 ans, à La Panthère rose, près de la gare de Caen, avant que l'échoppe renaisse dans le centre, sous un nouveau nom, Magic Beau Gosse, bien avant que la France entière fredonne avec Orelsan *C'est pour ma ville sauce magic beau gosse*.

Caen, la ville où elle était née. Emmanuelle n'y était pas retournée depuis l'été dernier. Neuf mois sans voir ses parents. Elle ne répondait plus trop à leurs coups de fil, surtout à ceux de sa mère, c'était sa sœur Agathe qui faisait l'entremetteuse. Emmanuelle aurait pu y rester, ou y rentrer après un début de carrière parisienne décevant. Journaliste à *Ouest France*, une vie tranquille et heureuse. Une femme avocate ou notaire, une maison, des enfants, les parents pas loin, Agathe qui serait venue la voir plus souvent avec Ida. Elle pensa à cette vie qu'elle n'avait pas eue, à cette femme qu'elle n'était pas devenue, et, pour la première fois depuis son départ à dix-neuf ans, elle les envia d'une jalousie noire.

Un morceau de viande se détacha de l'édifice et s'effondra sur son sweat. Merde, il est foutu maintenant, rugit-elle entre ses dents puis elle s'empara d'une serviette sale dont elle tamponna le logo noir en forme de livre ouvert, souillé de sauce samouraï. C'était un cadeau de Diane, Emmanuelle le mettait souvent, surtout les mauvais jours. Pendant ce temps, le gars de l'échoppe lui avait apporté des serviettes propres, elle en glissa une poignée sous son sweat pour protéger son justaucorps, et c'est à travers les couches de papier et de coton qu'elle sentit, à l'endroit de son ventre, une nette protubérance.

Emmanuelle se figea, mit de côté les serviettes souillées – au diable le sweat –, souleva le pan de son justaucorps, ouvrit la braguette et palpa de ses doigts l'abdomen dénudé.

C'était chaud, légèrement arrondi, un peu dur.

Quand ce petit ventre avait-il eu le temps d'apparaître ?

Hier encore, il était plat.

L'abdomen opposa à sa main une résistance têtue qu'il ne lui renvoyait pas quand il était rempli de merde ou de gaz.

Elle remonta la braguette, défroissa le sweat, enfila son sac et décampa.

La rue adjacente était déserte, les devantures paraissaient condamnées, sauf celle d'une échoppe de sushis. Elle déglutit, ravalant un mélange de sauce et de sucs, la nausée avait violemment ressurgi. Traversa sans regarder, s'engagea dans une pente raide. Une main retenant ses cheveux, l'autre sur son ventre secoué de spasmes, elle se vida longuement. Un vrombissement interrompit sa communion avec la bouche du parking : elle reconnut le beuglement méprisant d'une Audi RS4. Tandis que le portail se levait sur les sourcils lumineux du break de chasse, Emmanuelle acheva de rendre les vestiges du kebab.

Une cinquantaine de mètres plus haut, elle s'engouffra dans un bar. C'était là qu'ils buvaient des coups entre chroniqueurs rescapés des assises avant de s'embarquer dans le train pour Paris. Que d'engueulades ! Ils n'étaient presque jamais d'accord, mais l'alcool aidait à faire la paix. Elle sourit à ces souvenirs et se hissa sur un tabouret.

Un barman apparut, qu'est-ce que je vous sers ?

Soif soif soif, soif de bière, mais ce n'était pas recommandé, le premier trimestre était le plus à risque, et en même temps, qu'est-ce qu'elle en avait à foutre, le truc qu'elle portait ne deviendrait jamais un enfant, Constance devait la rappeler d'un instant à l'autre pour lui donner la date de l'intervention, alors merde, la grossesse – plus rien ne la retenait de n'en faire qu'à sa tête.

« Qu'est-ce que vous voulez boire, jeune femme ? » répéta le barman, agacé.

Elle demanda un verre d'eau et le but d'un trait. Tout en descendant de son tabouret de bar, elle lança : « J'espère que vos chiottes sont aussi dégueulasses que d'habitude, car la bile, jeune homme, ça laisse des traces. »

3

François Calamatta lui avait donné rendez-vous à leur spot habituel, un restaurant typique à quelques encablures du Carré Curial. Il s'appelait simplement Le Savoyard, on y servait de la fondue, des plats traditionnels, du vin de la région. Emmanuelle avait un faible pour leur raclette, un quart de meule monté sur un pied en fonte qu'enveloppait une croûte couleur rouille. L'odeur – âcre, écœurante – la cueillit dès l'entrée ; vu son état, l'immersion dans le temple du fromage et du gras n'était peut-être pas une si bonne idée. Mais comment refuser à son vieil ami leur petite tradition ? Le chroniqueur judiciaire était déjà là, attablé contre la grande baie vitrée, les joues empourprées, les doigts frappant avec lenteur les touches de son PC antédiluvien.

Il la vit, se leva d'un bond et la prit dans ses bras.

« Dis donc, tu n'as pas bonne mine, Manu.

– Toi, par contre, c'est la grande forme. »

Elle remarqua le cheveu plus rare qu'à leur entrevue à Grenoble, le bâton de marche calé contre le mur, l'impatience des mains manipulant la carte du restaurant. Se débarrassant de son perfecto, elle s'assit en face de lui.

« Quoi de neuf depuis Nordahl Lelandais ? lui demanda-t-elle.

– Tu veux dire à part la presse ju', la rando et ma femme ? »

Emmanuelle ne répondit pas et attendit.

« Bon, cette fois c'est acquis : je prends ma retraite. Je vais emmener mes petits-enfants à la montagne. Sinon, leur vie va passer sans qu'ils lèvent les yeux de leur téléphone. »

Il étudiait avec minutie la carte qu'il connaissait par cœur.

« Allez, balance, François, ils ont recruté un petit jeune qui va faire ce que tu fais plus dix autres trucs pour un salaire dix fois inférieur ? »

Elle regretta aussitôt de le faire payer pour la mauvaise mine.

« Plus personne ne s'intéresse à la chronique judiciaire, dit-il. Maintenant qu'il y a les live tweets, on ne lit plus les comptes rendus d'audience. Deux ou trois posts de journalistes plus une dépêche AFP, et t'es calé pour la nuit. Je me demande parfois pourquoi je m'emmerde encore à venir aux procès.

– Conscience professionnelle ?

– Au diable la conscience, Manu. J'y vais parce que je ne peux pas vivre sans. Chaque procès me fait plus voyager qu'un mois au Japon. »

Emmanuelle opina en silence. Elle aussi avait fait ça pour le kif, jusqu'à l'an passé, jusqu'à Nantes, jusqu'aux Troadec.

Une serveuse en tablier à carreaux interrompit leur conversation. Mèches blondes, manières franches, minces lignes veinant de bleu ses biceps rebondis, elle posa une main sur l'épaule de François, et ce dernier lui donna du Karine et du *tu*.

« Comme d'habitude, les amis, deux grandes raclettes supplément charcuterie et une bouteille maison bien fraîche ? »

La jeune femme lui lança un regard souriant et direct. Les avait-elle servis les fois précédentes ? Emmanuelle se serait souvenue de la voix caverneuse, du port altier.

Elle referma le menu d'un geste brusque.

« Une soupe de poireaux et une grande pétillante, s'il vous plaît, dit-elle sans lever les yeux.

– Tu es souffrante ? s'exclama François. Tu ne vas pas me faire le coup ! Samedi, on part en rando, tu te souviens ? On annonce un temps somptueux. »

Tout en rangeant le carnet de commandes dans la poche de son tablier, Karine lâcha :

« Somp-tu-eux ! Juste de la flotte et quelques rafales à 80 km/h.

– Mais voyons, Karine, tu veux la faire fuir ? »

Un clin d'œil pour Emmanuelle, et la serveuse s'éclipsa avec un grand rire.

« Ne t'inquiète pas, François, je repars dimanche matin, on aura le temps et pour la marche et pour un dîner de clôture. »

Elle avait pris sa voix la plus rassurante, mais son ami, le front plissé, ne la lâchait pas du regard. Emmanuelle prit sa main dans la sienne, une grosse main constellée de taches sombres, tiède et velue. Il lui sembla que le vieil homme tremblait.

« C'est vrai que c'est le premier tour, finit-il par

répondre. Je serais bien tenté de rester chez moi, mais si je ne vote pas, ma femme va me flanquer une rouste. »

On les servit rapidement. François dévora sa raclette, Emmanuelle l'observait sans toucher à son bol. La tradition voulait qu'après avoir achevé la première moitié de son fromage, il aborde le procès à venir.

« Je n'ai pas compris grand-chose aux motivations de cet Alexandre Bataille. Pourquoi s'en prendre à un vieux *gigolo* qu'il ne connaissait ni d'Ève ni d'Adam ?

– Sans doute un *gay refoulé* », observa Emmanuelle, et ils ricanèrent de ce leitmotiv pas très subtil des assises.

« Enfin, dans son cas, je crois qu'il y a vraiment sujet à débat », ajouta prudemment le chroniqueur.

Emmanuelle haussa les épaules sans répondre.

François replia sa serviette, appuya le menton dans sa main droite et plongea son regard dans celui de la jeune femme. Il l'avait connue plus bavarde. Avait-il manqué de tact sur la question de l'homosexualité ?

« Mais non, François, soupira Emmanuelle, c'est juste que je n'ai pas lu un mot sur cette affaire.

– Même pas mon article de présentation ?

– Rien du tout, même pas l'ordonnance de mise en accusation. »

Le chroniqueur judiciaire leva les yeux au ciel tout en faisant mine de s'arracher les cheveux.

« Laisse-moi deviner : tu as décidé d'imiter Claude. Tu crois que te pointer les mains dans les poches, ça va te faire revenir en grâce. Détrompe-toi : elle a horreur des zélés. »

Emmanuelle crut percevoir dans la voix de son ami une

aigreur qu'elle ne lui connaissait pas et dont elle ignorait la cause.

« Elle a eu raison d'intervenir, poursuivit-il, moi, j'aurais fait pareil. Arrête de camper sur tes positions, fais ton *mea culpa*, et cette dispute sera derrière vous. Écoute le vieux journaliste ! Ce procès auquel on va assister à partir de demain, c'est l'occasion idéale de montrer ce dont tu es capable. »

Emmanuelle se taisait. Claude passait régulièrement un week-end dans le chalet de François. Tentait-il de lui passer un message ?

Mais il revenait déjà à l'affaire :

« Si tu avais lu mon article, chère consœur, tu saurais que notre jeune Alexandre est probablement un tueur en série empêché. »

Comme Claude, Emmanuelle avait horreur des tueurs en série. C'étaient des gens qui obéissaient à une pure nécessité, et cette nécessité n'avait à ses yeux rien de fascinant. Si tel était vraiment le cas, il n'était pas trop tard pour repartir à Paris.

« Je croyais qu'il avait tué une seule personne, dit-elle d'une voix blanche.

– À une minute près, il en aurait tué deux.

– Mais la série, c'est à partir de trois ! Et puis, cela ne suffit pas. Il faut une certaine organisation de la personnalité, avec les pôles psychopathiques, pervers…

– C'est bon, Manu, tu ne vas pas me ressortir ton Zagury !

– Ce n'est pas la question, François. Le procès n'a pas encore eu lieu. »

Karine, qui commençait à débarrasser leur table,

demanda si ce Zagury était un spécialiste des tueurs en série.

« Entre autres, répondit Emmanuelle. Daniel Zagury est le plus grand expert-psychiatre judiciaire de France et de Navarre. Un procès avec lui n'est pas le même qu'un procès sans lui. La reconnaissance du caractère antisémite du meurtre de Sarah Halimi, par exemple, c'est grâce à lui.

– Tu le couvrais moins d'éloges au procès Troadec ! »

Le chroniqueur feignit ne pas remarquer l'expression médusée sur le visage d'Emmanuelle. Pendant qu'il commandait une chartreuse, elle se leva brusquement et annonça qu'elle rentrait se coucher.

Karine s'enquit de l'hôtel où elle logeait.

« L'Hôtel Très Confidentiel.

– Ils ne se fichent pas de vous à Paris !

– J'y ai séjourné l'année dernière avec ma femme, ils m'ont fait un prix. »

Sourde aux protestations de François, Emmanuelle tendit à Karine un billet de cinquante et refusa la monnaie.

4

Dans la nuit froide et sèche, Emmanuelle demeura immobile, les yeux fermés, le visage offert à la brume venue de la montagne dont elle huma l'air fongique, liquoreux, minéral. Elle avait faim et soif, mais elle ne ressentait pas ce vide agréable des soirs où l'on ne dîne pas. Son ventre résistait mollement à la ceinture ajustée à la taille. Son corps avait la consistance de ces acrobates en caoutchouc que les touristes achètent au Champ-de-Mars.

Elle traversa la place Caffe et s'enfonça dans une ruelle à laquelle la faible lumière donnait des airs de cité médiévale.

À quoi bon rester ici plus longtemps ? Le peu que Calamatta lui avait dévoilé de l'affaire ne lui disait rien.

Pourquoi se mentir ? C'est son métier qui ne lui disait plus rien. Hormis les articles sur le procès Lelandais à Grenoble, elle n'avait, depuis le fiasco Troadec, pas écrit un seul mot. Rien à faire, elle n'y arrivait plus. Heureusement qu'Abdallah l'avait secondée pour rédiger une partie des chroniques – il se faisait la main, elle le protégeait de son nom. Il aurait pu écrire n'importe quoi, de toute façon elle était cramée. Mais il n'écrivait pas n'importe quoi. Il écrivait même très bien. La vérité, c'est qu'elle n'aurait rien écrit de mieux que lui.

Comme elle avait aimé, il n'y avait pas si longtemps, lire à Diane les chroniques inaugurales de ses confrères ! Cela se passait la veille de son départ aux assises ou le matin au petit déjeuner. Emmanuelle avait son petit talent d'imitatrice : lorsqu'un jugement funeste s'abattait sur l'accusé, elle prenait sa voix de stentor. Bien sûr, il y avait les références littéraires. François Calamatta était féru de littérature, une littérature naviguant dans un champ strictement délimité par Hugo, Zola, Gide et Camus, façon bac de français, commentait Diane, et Emmanuelle protestait, oh, mais tu exagères, il cite parfois Baudelaire et même Hemingway.

Ces derniers mois, les commentaires de sa femme lui renvoyaient l'âcre goût du mépris. Les objections d'Emmanuelle s'étaient cambrées en fureur froide, jusqu'à l'explosion finale qui avait signé la fin du rituel.

30 janvier 2022, veille du procès Lelandais. Il était sept heures trente, Diane devait être au ministère à huit heures, le chauffeur l'attendait en bas de chez elles. Emmanuelle, qui n'était pas du matin, avait eu le plus grand mal à se lever. Nauséeuse et lourde, elle s'était néanmoins traînée jusqu'à la cuisine pour prendre le petit déjeuner avec sa femme. La fraîcheur de Diane, debout à cinq heures, l'énergie que dégageait sa tenue de travail, pantalon de velours écru et chemise ton sur ton sous un blazer marine, avaient achevé de plomber son humeur. Elle n'avait même pas envie d'elle, elle l'enviait.

Elle ouvrit le dossier PQR et lut d'une voix monocorde l'analyse de François. Son article était d'une clarté cristalline, proche d'une neutralité axiologique. Il avait mêlé à son analyse de la personnalité de Lelandais des citations de Simenon sur le basculement du criminel dans un espace coupé de la communauté humaine, projection de l'acte criminel comme l'acte définitif de séparation. L'idée apparemment banale continuait de la frapper comme la plus grande énigme des assises. Lorsqu'elle leva les yeux sur Diane, Emmanuelle vit sur les lèvres de sa femme un sourire narquois. C'est Simenon, cet écrivain de divertissement populaire, c'est ça ? Diane ne répondit pas. Tu as lu Simenon, toi ? As-tu lu un seul de ses livres ? Oh, ils ne sont pas longs, moins longs qu'un rapport de l'IGF, et mieux écrits. Simenon a même eu droit à une édition en Pléiade, bien sûr que tu le sais, on l'a dans notre bibliothèque, c'est Claude qui me l'a offert pour ma première année à la rédac, on avait fait une petite fête, tu t'en souviens ? Emmanuelle se leva, mais, prise de vertige, elle dut se rasseoir. Qui était Diane pour juger ? Combien de gens n'avaient que Zola et ne s'en portaient pas plus mal ? Merde, enfin, tout le monde n'avait pas Wittig et Guyotat sur son chevet !

Emmanuelle hurlait, ulcérée, chancelante, les mains agrippées à l'îlot central. Sa femme se levait déjà et remplissait le lave-vaisselle. Emmanuelle fut traversée par un désir de destruction, assiettes qui voleraient, fils électriques arrachés, feu partout, le marbre de l'îlot central fendu à coups de pied-de-biche. Cet îlot qui leur avait coûté un bras, et qui donnait au double salon une allure conviviale et chic – anéanti.

Et tandis qu'Emmanuelle, légèrement sonnée, tentait de reprendre son souffle, Diane s'était tournée vers elle et lui avait dit, tu devrais peut-être refaire un test de grossesse, si ça trouve le dernier était un faux négatif.

5

Dans sa chambre, Emmanuelle se glissa sous la couette. Ses cheveux exhalaient une odeur de fromage, une mince couche de gras recouvrait la peau de son visage. Bouche sale, culotte et marcel du jour. Retournée à l'adolescence, avec la même fatigue plombante de vingt-deux heures, presque aussi seule, peut-être plus ; la literie était seulement plus souple, plus distante, aussi.

Elle allongea les jambes, étira les bras en croix, pivota doucement sa nuque engourdie de façon à la détendre, la joue à plat contre l'oreiller. Un reflux lui troua la poitrine, remonta dans sa gorge, envahit son palais d'une texture alcaline. Ça n'allait pas, il lui fallait tenir une position plus haute. Elle entassa trois coussins et s'y adossa. La couronne de duvet étreignit sa nuque comme un nid.

Elles avaient séjourné à l'Hôtel Très Confidentiel l'année précédente, le week-end du 8-Mai, juste avant la dernière semaine du procès de Nordahl Lelandais pour le meurtre du caporal Arthur Noyer. D'habitude, elle descendait à Chambéry dans des petits hôtels sympas à moins de cent balles la nuit, et il lui arrivait de se laisser tenter par un Airbnb. À la ville, elle s'indignait comme tout le monde des ravages de la location sauvage, mais dans les faits, sa conscience sociale ne l'empêchait pas de préférer la seconde option, et de loin. Quand Diane avait émis l'idée qu'elle pourrait la rejoindre pour le week-end, Emmanuelle avait exulté. Deux jours entiers rien que pour elles ! C'était inespéré. De fait, depuis que sa femme avait pris la direction, en pleine pandémie, du cabinet d'un ministre régalien, cela ne s'était jamais produit.

Je vais nous trouver un truc fat, s'était-elle dit en ouvrant Google. Une rapide recherche lui avait fait comprendre que le seul endroit à Chambéry qui rentrait peu ou prou dans sa définition de *fat* était cette boutique-hôtel au nom un peu ridicule. Niché dans une venelle typique du vieux Chambéry, à quelques pas du château des ducs de Savoie et à huit minutes à pied du palais de justice, il bénéficiait de ce que les agents immobiliers appellent une très bonne situation. Affublées de noms de couleur en anglais et coûtant une couille et demie, les chambres étaient loin d'être toutes à son goût. Emmanuelle avait bloqué de longues minutes sur la Black, moquette et murs fuligineux, baldaquin industriel, faïence noire sur carrelage blanc, draps de soie anthracite. Si elle n'avait pas craint le faux pas (« J'ai séjourné dans la Black » était aussi imprononçable qu'une injure raciste) ou la faute de goût (Diane avait du mal avec le post-moderne), elle n'eût pas dit non. Les autres suites étaient plus consensuelles, mais, épouvantée par les prix, Emmanuelle s'était rabattue sur une chambre dite grand deluxe, lit queen size, double douche à l'italienne aux murs ornés de pierres ocre, aucun bureau, surtout, pour éviter à sa femme de sombres tentations.

Lorsqu'elle était venue récupérer les clefs, une blonde sculpturale lui avait demandé de la suivre avec un sourire discret. Elles avaient pénétré dans un vaste ascenseur dont les parois transparentes offraient une vue panoramique sur un charmant patio fleuri où de belles personnes descendaient vins et cocktails. L'ascenseur avait continué son envol jusqu'au dernier étage de l'hôtel. Là, l'unique porte du palier donnait sur une immense suite traversante baignée de lumière, ceinte de part et d'autre d'une terrasse. La première donnait sur le palais des ducs ; la seconde, immense, comportait un salon de jardin et un jacuzzi surplombant les toits, sans vis-à-vis.

La propriétaire de l'hôtel demeurait en retrait. « Votre épouse m'a demandé de réserver ce que nous avions de mieux. » Emmanuelle avait hoché la tête et lancé, la voix grave : « Pas mal. »

Ce furent aussi les mots de Diane lorsqu'elle débarqua quelques heures plus tard en costard et chemise blanche dans le jacuzzi où Emmanuelle à poil buvait du blanc à la belle étoile.

« Je te connais, dit Diane en se dévêtant avec ses gestes économes, tu avais sûrement pris la chambre la moins chère.

– Au meilleur rapport qualité-prix, n'oublie pas que je suis normande, rétorqua Emmanuelle, absente, tout entière absorbée par le corps nu de sa femme.

– On n'est pas là pour le qualité-prix, Emmanuelle, on est là pour le meilleur week-end de notre vie. »

Et ce fut sur cette terrasse, autour d'un magnum de

Deutz blanc de blancs et une boîte de caviar, que Diane lui demanderait le lendemain soir si elle accepterait de porter leur enfant.

La pochette verte à ruban de satin reposait sur la moquette écrue au pied de son lit. Elle l'ouvrit, vérifia que tout y était, puis envoya un *merci mec* à son stagiaire. Abdallah lui répondit aussitôt d'un triptyque de smileys, le premier coiffé d'un cône de papier et soufflant dans un sans-gêne, le deuxième, plus classique, avec des yeux en forme de cœur, enfin un singe se cachant les yeux.

Il l'énerva.

Débordant de vie, ambitieux, sans attaches.

Formidable.

Cela la rendait folle, parfois. Comme ce soir.

Ce n'était pas sa faute à lui, après tout, si sa boss avait prévu de claquer sa dem dès son retour à Paris.

« Tu en penses quoi, toi, de cette affaire ? » écrivit-elle.

Tout juste avait-elle appuyé sur la flèche d'envoi que trois petits points apparurent sur l'écran de sa messagerie.

Il n'attendait que ça.

« C'est un truc de fou, cet Alexandre Bataille est né la même année que moi. Moi en février, lui en mars… »

Emmanuelle se souvint, son stagiaire était de 97. Elle tapa :

« Vingt-cinq ans. Un gamin. »

« C'est dingue qu'il naisse encore des homophobes à notre époque. »

Emmanuelle suspendit ses doigts au-dessus de l'écran. L'affaire prenait une tournure nouvelle. Il fallait le laisser en dire plus. C'est tout un art que de soutenir un silence ; son stagiaire ne tint pas longtemps :

« Enfin, homophobe ou gay, ce n'est pas tranché. Le premier meurtre est assez troublant, Omar n'était pas que gay, quoi. Mais la tentative de meurtre sur Saïd ? C'est autre chose. Pour moi ça ressemble à un *date* qui a mal tourné. Alex aborde le mec dans un bar, ils picolent, rentrent ensemble, picolent encore, puis ça part en sucette. »

Emmanuelle relut les noms : Saïd, Omar – les victimes. Et Alexandre, leur assassin. Curieux qu'Abdallah n'ait rien relevé. Ou peut-être, à l'inverse, pas curieux du tout : il avait d'abord relevé, puis jugé que non, ce n'était pas ça, le mobile. Pendant qu'elle réfléchissait, Abdallah avait déjà glissé sur la pente intime :

« Si je ne m'étais pas barré à dix-huit ans, on aurait fini par me retrouver au bord du chemin le froc baissé et un Mort aux PD gravé sur le torse. »

« Ça arrive aussi à Paris », tenta Emmanuelle.

« Rarement. Presque jamais. »

Encore la semaine dernière, deux mecs tabassés en urgence absolue à Cochin. La raison ? Ils se tenaient la main.

« Là où j'ai grandi, c'est direct la morgue pour un regard de travers. »

Ils en avaient parlé tant de fois, sans parvenir à se mettre d'accord. Ce soir-là, Emmanuelle se sentait trop lasse pour reprendre cette vieille dispute. Abdallah l'avait peut-être flairé, car il avait déjà changé de sujet :

« Le plus bizarre quand même dans toute cette affaire,

c'est qu'il l'ait raconté à tout le monde. C'est quoi cette confession spontanée ? »

Elle répondit distraitement :

« Oh tu exagères, pas à tout le monde, quand même. »

« Tu plaisantes ? Tu as peut-être l'impression que c'est peu, mais c'est parce qu'il est resté cloîtré dans sa chambre pendant des mois. En fait, il s'est confessé littéralement à tous les gens qu'il a croisés ! C'est limite s'il ne s'est pas fait un profil sur Grindr : *I've killed a man, now call me a serial killer.* Tu te souviens de ses whatsapp avec sa meilleure amie ? »

L'exercice devenait périlleux, Emmanuelle était sur le point de se faire prendre en flagrant délit d'école buissonnière. Déjà qu'il écrivait les chroniques à sa place. Encore quelques semaines, et ce jeune homme brillant, allergique à la hiérarchie, la regarderait de haut.

« Tout ce que je sais, écrivit-elle, c'est que les tueurs en série ne parlent pas de leurs crimes. »

L'application de messagerie indiquait qu'Abdallah était en train de lui répondre.

Elle coupa court au texte à venir :

« Écoute, je te raconterai tout ça demain, là je dois aller dormir. »

Abdallah la couvrit d'une avalanche de smileys.

Emmanuelle répondit : « Bises. »

Diane ne l'avait pas appelée.

Elle n'avait pas appelé Diane.

Sursaut. Son téléphone sonnait. Dormait-elle déjà ?

Elle flottait encore dans cet état entre le rêve et la veille depuis lequel on sombre soit dans le sommeil, soit dans un cycle d'angoisse insomniaque.

La sonnerie cessa.

Puis recommença.

Elle ouvrit les yeux dans le noir. Son portable était en mode *ne pas déranger*. Si l'appel passait, cela devait être un numéro favori. Sa femme, sa mère, sa sœur, Claude, sa nièce Ida.

Diane ?

Elle jeta un coup d'œil à l'écran.

C'était sa mère.

Ma mère !

Deux fois de suite. Qu'est-ce qu'il lui prenait, à minuit ?

La tête lourde, le corps emprisonné dans la couette de duvet, incapable de soulever un bras.

Elle laissa le téléphone sonner.

MARDI CINQ

6

Derrière le palais de justice s'étend un parc ouvert sur la ville. Depuis le parvis il ne se devine pas, pourtant il suffit d'emprunter un étroit passage à sa gauche ou de longer, sur son flanc droit, quelques rosiers fous et une piste cyclable, et l'on s'égare dans une fureur d'arbres, de fleurs, de pelouses. Ouvert jour et nuit, sans clôture ni gardien, on y pénètre au hasard d'un itinéraire ou d'une flânerie. Des jeux désuets pour enfants y cohabitent avec la paisible géométrie d'un paysage entretenu avec soin, et dont le raffinement culmine avec un étang artificiel planté d'arbres – pins miniatures, palmiers nains, troncs feuillus. Entre poumon vert de la ville, lieu de passage et carrefour de la petite délinquance, le parc semble échappé d'un autre temps.

Emmanuelle y avait ses habitudes : tous les matins, avant l'ouverture des débats, elle prenait place sur le même banc gardé par trois immenses pins parasols. À sa gauche, la cour de la maternelle s'animait de cris d'enfants ; à sa droite, des buissons abritaient des collégiens, leurs baisers et leurs joints ; devant elle, le cube minéral de la Maison des Arts dissimulait un distributeur et des toilettes propres. Installée à cet endroit stratégique, elle prélevait dans sa sacoche un thermos de café et la pochette cartonnée à ruban de satin. Le plus souvent, elle ne l'ouvrait pas. La chroniqueuse judiciaire buvait des petites gorgées du liquide brûlant, humait à pleins poumons les senteurs de fleurs et d'humus, ne pensait à rien, sinon à la vie matinale qui prenait doucement forme sous ses yeux.

Ce matin-là, cependant, elle n'y était pas de bon cœur. Il était sept heures moins le quart quand, transie de froid, elle navigua le long des sentiers immergés dans une brume basse. Deux heures plus tôt, éveillée en sursaut d'un mauvais rêve dont elle ne se souvenait pas, une angoisse orpheline lui labourait le ventre comme la réminiscence de quelque chose d'ancestral, un chagrin d'amour qui lui appartenait à peine. Elle s'était forcée à sortir du lit, avait enfilé ses vêtements de la veille, empoigné sa sacoche et s'était ruée dans le couloir.

L'ascenseur était arrivé en quelques secondes. Dans le patio le jour poignait déjà, de minces serveurs préparaient les tables pour le petit déjeuner, la pâte feuilletée tout juste sortie du four embaumait le hall.

« Madame Borgia ! Attendez ! »

Elle s'était retournée.

Un jeune homme en uniforme de maître d'hôtel lui faisait face.

« Vous ne pensiez tout de même pas nous quitter le ventre vide ! »

Le sac qu'il lui avait remis ne contenait pas moins de quatre viennoiseries encore chaudes. Elle l'avait pris sans protester puis, comme il repartait, elle l'avait interpellé :

« Je me demandais… je sais, c'est absurde… mais auriez-vous du gingembre ? Je voudrais un jus de citron avec du gingembre.

– Entendu, je vais vous faire préparer une bouteille pour la journée et veiller à ce qu'on vous en mette à disposition dans votre chambre pendant tout votre séjour. »

Médusée, elle n'avait pas pensé à le remercier.

Sur son banc, elle but à même la bouteille, l'élixir était exquis, peu sucré, subtilement rehaussé de notes poivrées et d'une pointe de cannelle. Elle mordit dans un croissant, recracha aussitôt : trop de beurre, ça ne passait pas.

Une étrange sensation s'était emparée d'elle, comme une vague impression de danger. Elle balaya les alentours – le parc n'était pas aussi désert qu'elle l'avait cru. Dans les buissons, à l'entrée de l'aire de jeux, à gauche du skate parc, des petits groupes ou des hommes seuls traînaient un peu partout. Du menu trafic, rien qui explique cette terreur qui l'habitait. C'est alors que dans son champ de vision apparut un soulier, lequel s'ouvrait en deux sur des doigts de pieds crasseux, sanguinolents ; puis vint l'odeur. Elle se leva d'un bond : l'homme dégingandé qui s'était assis à ses côtés la toisait d'un œil opaque, amorphe, parfaitement inoffensif.

Revenue sur le parvis qu'inondait à présent une lumière rose, elle chercha en elle l'origine de cette peur inconnue. L'instinct qui lui avait commandé de déguerpir travaillait au service d'une intégrité débordant les frontières de son corps.

L'angoisse la traversa de nouveau. L'intervention approchait à grands pas. Le calme, le détachement dont elle avait fait preuve jusqu'alors la suivraient-ils dans les couloirs, dans la chambre, sur le lit d'hôpital ? Était-il concevable de faire comme si tout cela arrivait à un autre corps que le sien ?

7

Une petite foule se pressait devant le portail du palais. On était loin du déluge humain au procès Lelandais, et la plupart de ces gens quitteraient la salle après le tirage au sort des six jurés ; on avait tout de même installé des barrières à l'entrée pour canaliser la file.

Emmanuelle avançait lentement, luttant contre l'envie de partir. Elle remarqua au loin René-Robert de Despine-Découz, alias R2D2, en robe, entouré de six femmes vêtues de noir ; à quelques pas de l'ancien bâtonnier, Joseph Paladia, Barbour olive et Stetson assorti, dominait presque l'homme à la carrure de rugbyman qu'il conduisait à l'intérieur. Les deux avocats lui tournaient le dos, elle irait les saluer plus tard.

Le cortège se coulait lentement à l'intérieur. Emmanuelle attendit que la dernière personne eût passé le seuil et pénétra dans le hall à son tour.

Au contrôle de sécurité, on la connaissait, mais elle ne put éviter le portique à l'entrée de la salle d'audience, où une policière, carré noir et fossettes rieuses, lui confisqua son couteau suisse avec un haussement de sourcils.

Elle pénétra dans la salle Antoine-Favre, où il ne

restait plus une seule place assise. Elle se fondit dans la foule massée devant la rangée de sièges contre le mur du fond, puis se faufila sur le côté de façon à voir le box.

Le voir – ce serait tout pour le moment. Après, elle aviserait.

Escorté par trois agents, il entra par la porte située derrière le banc des juges, le pas hésitant, les yeux dissimulés sous un front bas. Dans le box collé contre la travée de droite, on le conduisit à la place de l'accusé, et lorsqu'il s'assit, ses genoux noueux heurtèrent le plexiglas avec un bruit sec.

La silhouette ramassée demeurait à quelques mètres d'Emmanuelle, et de se trouver si près de lui, elle fut précipitée dans une sorte de transe, une curieuse lévitation à laquelle l'arracha, quelques instants plus tard, le cri d'une femme :

« Mais ce n'est qu'un enfant !

– Pas un enfant, un assassin. »

La réponse, calme et ferme, était aussi celle d'une femme, elle semblait venir du banc des parties civiles. Tandis qu'Emmanuelle se demandait si la femme en question était mère, sœur, fille, compagne, et de quelle victime, la morte ou la survivante, un reflux parcourut la salle – vrombissement évanoui contre les dents serrées –, l'un de ces premiers ressacs d'audience qui ôtent à chacun sa singularité et sculptent un collectif.

Le président attendit que la vague retombe. Sans élever la voix, il s'adressa au garçon :

« Accusé, levez-vous. Veuillez décliner votre identité devant la cour. »

Une dizaine de secondes s'écoulèrent avant que le garçon se mît debout. Il dit qu'il s'appelait Alexandre Bataille, puis il se tut.

Emmanuelle rectifia sa première impression. Sous un costume dépareillé, la chemise blanche virait au gris, le col gondolait. Derrière les grandes lunettes rectangulaires aux verres épais, le visage manquait de cohérence : nez troussé comme un bec plat, front fuyant, joues creuses et pommettes hautes, brisures d'un miroir recollées à la hâte avec du scotch. Les lèvres minces aux commissures effondrées lui donnaient l'air insipide des petits vieux jamais contents. Cette impression d'enfance et, sur un plan parallèle, d'infinie vieillesse, était renforcée par ses gestes saccadés, la voix à peine audible.

Le président répéta :

« Monsieur Bataille, vous pourrez vous taire si vous le souhaitez par la suite, mais pour les questions d'état civil, vous êtes tenu de me répondre. »

Péniblement, le jeune homme dit qu'il était né en 1997 à Annecy, qu'il avait étudié la sociologie à l'université de Chambéry, enfin, il était inscrit plus qu'il n'étudiait, car il n'allait ni aux cours ni aux partiels. Il donna son adresse, une petite rue du vieux Chambéry, à quelques pas de l'hôtel où logeait Emmanuelle.

La greffière se leva, le tirage au sort des jurés allait commencer. Emmanuelle sortit discrètement de la salle.

Du tirage au sort elle connaissait la musique par cœur, et, pendant de longues années, elle l'avait aimée. Il lui suffisait alors de fermer les yeux pour sentir se former sur ses lèvres les mots du serment. Depuis sa place dans la salle d'audience, elle avait tant de fois juré en silence de ne trahir ni les intérêts de l'accusé, ni ceux de la société qui l'accusait, de faire preuve de l'impartialité et de la fermeté qui convenaient à une femme probe et libre, de ne se fier qu'à sa seule intime conviction. À l'unisson avec le président, elle avait murmuré les noms des jurés tirés au sort, soupiré avec les récusés, scruté les visages curieux, effrayés, hagards, de ces gens sur le point de devenir juges.

Claude lui avait une fois confié qu'elle serait prête à tout si on lui garantissait qu'elle serait un jour appelée à siéger comme jurée. « Imagine, avait-elle poursuivi voyant la perplexité d'Emmanuelle, une fonction – se faire juge – arrache six femmes et hommes à leur quotidien, à leur milieu, à leur condition ; en une fraction de seconde, ils doivent non pas abolir leurs goûts et leurs principes, mais travailler avec ou contre : c'est presque de l'ordre de la transsubstantiation ! » Emmanuelle lui avait répondu : « Il n'y a là rien de magique, simplement si on traite les gens comme des êtres probes et libres, ils s'efforcent de l'être, et pas seulement le temps d'une session d'assises. »

Emmanuelle n'avait jamais éprouvé le même désir que Claude. Étudiante à Sciences Po, bien loin d'imaginer que la chronique judiciaire deviendrait un métier, son amie Margot l'avait entraînée à une projection du *Testament d'Orphée* au Trois-Luxembourg. Margot étudiait à la Fémis, et Emmanuelle avait développé un goût pour les vieilles toiles projetées dans les salles poussiéreuses près du Panthéon. Le film de Cocteau ne lui avait pas tellement plu, elle l'avait trouvé maniéré et futile, mais une réplique lui était restée : « Nous ne pouvons être condamnés à pire qu'à juger les autres, à être des juges. »

Puis, il y avait eu l'affaire Troadec. Un homme avait dépecé les corps de deux ados et de leurs parents avec la minutie d'un boucher professionnel, avant de faire disparaître les trois cent soixante-dix-neuf morceaux de chair et les deux mille neuf cent quatorze morceaux d'os qu'étaient devenues ces quatre personnes. Des femmes et des hommes probes et libres jugèrent qu'il fallait lui laisser une chance de revenir dans la communauté des hommes ordinaires. Depuis, Emmanuelle avait déserté les tirages au sort, évitant même de regarder les jurés dans les yeux, de peur de les juger à son tour, et de les juger mal.

Elle se surprit à souhaiter que la généralisation annoncée de cours criminelles, composées exclusivement de magistrats professionnels, balaie une fois pour toutes cette cruelle mascarade de justice démocratique.

Pour ces pensées, elle se détestait.

8

Sur le parvis, elle s'appuya contre la statue d'Antoine Favre et appela sa gynéco.

« J'ai deux nouvelles, annonça Constance, une bonne et une mauvaise.

– Commence par la bonne.

– Tes analyses sont excellentes.

– Et la mauvaise ?

– Il faut te décider, sinon tu vas te mettre dans une belle merde. »

Emmanuelle plongea sa main dans sa poche et fit rouler entre le pouce et l'index les perles de son chapelet.

« Tu peux me recevoir quand ?

– Le plus vite possible.

– Ça va être compliqué. Je suis à Chambéry.

– Qu'est-ce que tu fous à Chambéry ?

– Un procès à la con.

– Plus tu attends, moins ce sera facile. »

Emmanuelle baissa les paupières, lâcha un juron.

« Tu peux m'insulter tout ce que tu veux. J'estime que tu es une adulte apte à entendre la vérité.

– Quand alors ?

– Vendredi, j'ai un créneau à seize heures.

– Tu ne me laisses pas le choix.

– C'est la loi qui ne nous laisse pas le choix, Emma ! Dans une semaine, on sera hors délai.

– J'ai le droit d'attendre jusqu'au dernier moment.

– C'est à moi que tu l'apprends ? Je te rappelle que je passe mon temps à me battre pour que le droit à l'avortement soit inscrit dans la Constitution. Crois-moi, je me démerderai pour que tu puisses exercer le tien jusqu'à la dernière seconde, même si cela implique que je me pointe au bloc en chemise de nuit. »

Emmanuelle sourit. Tout pouvait bien partir à vau-l'eau, tant qu'il y avait Constance. Rendez-vous pris en urgence treize ans plus tôt, une histoire de douleurs dans le bas-ventre, rue de l'Université, honoraires exorbitants. Contre toute attente, elle s'était liée d'amitié avec cette Versaillaise pur-sang – serre-tête, messe tous les dimanches, quatre enfants caricaturaux de bonne éducation – qui avait troqué le cabinet de papa contre un cagibi où la faune locale friquée se mêlait aux bénéficiaires de la CMU et aux réfugiées qu'elle recevait via une association. Emmanuelle n'avait pas envisagé de changer de gynéco jusqu'à l'année précédente, quand Diane l'avait convaincue d'aller voir quelqu'un d'autre. C'est que Constance ne voulait pas entendre parler d'insémination artisanale et de cliniques à l'étranger avec leurs catalogues de donneurs. La PMA pour toutes ne pouvait pas être passée pour rien ! Mais sa femme refusait d'attendre que la PMA atteigne son régime de croisière. Et elle voulait choisir le donneur.

« Emma, tu es là ?

– Je suis là. »

Sa propre voix lui parut aussi fluette que celle de l'accusé.

« Diane est au courant ? Je ne te pose pas la question en qualité de médecin, si besoin est de le préciser.

– C'est pire.

– N'oublie pas que je suis ton témoin de mariage.

– Auquel tu as trop bu et fait n'importe quoi.

– Et je le referais en mille fois pire. »

Elles rirent ensemble à ces souvenirs, puis Constance conclut :

« Vendredi, donc. Je t'envoie les docs, surveille tes mails. »

Emmanuelle s'effondra sur un bloc de béton rectangulaire planté au milieu du vaste parvis minéral. Je ne sais pas ce que je veux, dit-elle à la statue depuis ce banc spartiate, mais le législateur de la Bresse ne lui adressa qu'un sourire hermétique, sa silhouette comme une tache d'encre jetée sur la façade rouge du vieux palais sarde. Emmanuelle se rappela l'enthousiasme qu'avait suscité son reportage sur le père intellectuel du droit savoisien resté, depuis sa mort en 1624, une figure incontournable à Chambéry. Antoine Favre avait des rues à son nom, son département à l'université, des fervents admirateurs, et depuis son piédestal, il présidait le parvis depuis deux siècles, secondé par les puissantes figures de la Science et de la Jurisprudence. La fougue qui avait guidé Emmanuelle dans ses recherches lui paraissait à présent aussi factice que la question qui ouvrait son enquête : « Pourquoi le *Codex Fabrianus*, œuvre maîtresse d'Antoine Favre, avait-il échoué là où réussirait, quelque deux siècles plus tard, le Code Napoléon ? »

9

Revenue dans la salle d'audience, Emmanuelle alla directement à la travée de gauche, où elle s'installa à l'extrémité du quatrième rang, derrière les parties civiles. C'était *sa* place, et par l'alchimie singulière des assises, elle la trouvait toujours inoccupée. Le perfecto sur les genoux et la sacoche entre ses pieds, elle coula un regard vers les premiers bancs de la travée de droite : d'habitude pris d'assaut par les proches de l'accusé, ils étaient ce matin-là à moitié vides. L'avocat de la défense, seul à son vaste bureau devant des sièges déserts, avait l'air d'un mafieux plombé et dépressif. Juchés sur l'estrade en demi-cercle face au public, les six jurés entourant le président et ses deux assesseurs avaient des têtes de jeunes étudiants qu'on aurait installés par mégarde à la place des profs censés leur donner un cours magistral. À gauche d'Emmanuelle, trois collaboratrices de Despine-Découz feuilletaient des dossiers épais ; au bout de la rangée, Joseph Paladia, qui travaillait seul, lisait un livre posé à plat devant lui. Despine-Découz était le seul avocat à faire face à la cour, si bien qu'Emmanuelle n'entrevoyait, à travers la forêt des nuques des parties civiles, que le drapé de sa robe et ses fines boucles grises. L'ancien bâtonnier venait d'interrompre son aparté avec François Calamatta, et celui-ci était retourné s'asseoir derrière la vaste table qu'on avait réservée à l'unique chroniqueur judiciaire de France n'ayant jamais manqué, dans cette salle, un seul procès d'assises. Emmanuelle lui rendit son salut, puis se décala légèrement de façon à bien voir l'avocate générale, penchée sur sa tribune en face de Despine-Découz.

L'accusation d'Alexandre Bataille reposait entre les mains d'une femme coiffée d'un impeccable carré blond, auquel la lumière tamisée des hautes fenêtres donnait des reflets bronze. Bérénice Bérézeau était grande, ses épaules étaient droites, son regard portait loin, et si sa main avait déjà tremblé, personne n'en avait jamais rien su. Elle dégageait une prestance telle qu'elle paraissait née à cette tribune-là, dans ce rouge manteau à revers d'hermine. Si elle avait été homme, elle serait à ce jour au moins président de la République. C'est par cette formule, *au moins* y compris, qu'Emmanuelle avait ouvert le portrait qu'elle lui avait consacré lors de sa nomination, deux ans plus tôt, à la fonction de procureure générale près la cour d'appel de Chambéry. Depuis la demi-heure d'interview arrachée dans un cagibi du palais (malgré son insistance, Emmanuelle n'avait pas été admise dans son bureau), les deux femmes ne s'étaient jamais revues. Lorsqu'elles se croisaient, Bérénice Bérézeau ne la saluait pas. Claude était persuadée que c'était à cause du ton facétieux du portrait, mais Emmanuelle avait son avis sur la question : la proc l'avait simplement oubliée.

Bérénice Bérézeau rangea le document qu'elle avait longuement consulté à l'intérieur de l'une des trois chemises alignées devant elle, replaça une mèche de cheveux derrière l'oreille, leva les yeux sur le président, et celui-ci se mit à lire les faits.

Cela avait commencé par le cadavre d'un homme. On l'avait trouvé couché sur le ventre, pantalon baissé sur les chevilles et tee-shirt remonté jusqu'à la poitrine, au petit matin d'une journée ordinaire de septembre 2016 dans le parc du Verney, tout près d'un banc. Son corps était couvert d'hématomes, et sur sa nuque et ses épaules, on avait identifié plusieurs entailles peu profondes. Les prélèvements anaux avaient révélé des rapports sexuels récents, mais rien ne semblait indiquer un viol, pas de traces d'ADN étranger sur le pénis, rien dans la bouche. Les analyses toxicologiques avaient en revanche mis en évidence une très forte concentration de différentes substances actives : opiacés, cocaïne, MDMA, kétamine, complétées par un cocktail d'anxiolytiques et d'antipsychotiques, mais pas décelé de traces de la trithérapie qu'Omar Khan – tel était le nom de la victime – suivait depuis plus de vingt ans. D'après les résultats de la première expertise, confirmés par une contre-expertise réalisée à la demande de l'instruction, il avait été conclu qu'il était impossible de se prononcer sur la cause exacte de sa mort. L'homme pouvait avoir succombé à une overdose, ou aux suites des coups de couteau qui lui avaient été portés, ou à la défaillance de l'un de ses organes vitaux fragilisés par la maladie et l'abus de substances, ou encore à une combinaison de ces trois causes.

C'est à ce moment-là qu'un cri perça l'air suffocant de la salle : derrière Despine-Découz, l'une des femmes vêtues de noir hurla, l'index pointé vers le box : « C'est lui qui a tué mon frère ! » C'était une autre voix que celle qui avait placidement taxé le prévenu d'assassin, mais le deuxième incident d'audience venant des parties civiles dut exaspérer le président, car il releva ses lunettes sur son front et pria RD2D d'intervenir. L'avocat principal des parties civiles s'affaira aussitôt auprès de sa cliente tout en lui dispensant des considérations tactiques qu'Emmanuelle devina sans les entendre – ce n'était pas le bon moment, les jurés pourraient voir cette sortie comme une tentative de les prendre par l'émotion. En tout et pour tout, l'interruption ne dura pas plus d'une minute.

Bien joué, RD2D, songea Emmanuelle en observant le ténor du barreau se rasseoir précipitamment. L'ancien bâtonnier du barreau de Chambéry, sur lequel avaient régné, avant lui, quatre générations de Despine-Découz, était de tous les grands procès d'assises. Avec son port de baronnet et sa chevelure à faire pâlir Louis XIV, il était impossible de ne pas le remarquer. Emmanuelle lui avait toujours trouvé un air odieux, jusqu'au jour où elle l'avait sollicité pour son reportage sur Antoine Favre, auquel RD2D avait consacré une monographie. Il l'avait reçue dans son bureau, un hôtel particulier du vieux Chambéry, l'entretien avait duré trois heures. À midi, exténuée par les anecdotes sur le jurisconsulte et son fiston, le grammairien Vaugelas, Emmanuelle s'était laissé entraîner dans une institution gastronomique de la ville. Le déjeuner avait tourné au gueuleton, tous les notables chambériens avaient défilé à leur table, trente paluches serrées, du matériau pour cent articles sur la popol d'un barreau de province. Depuis ce déjeuner, Emmanuelle lui vouait une vive sympathie, et c'est lui qu'elle appelait si elle avait besoin d'une introduction ou d'un off.

Entre-temps, le président avait chaussé ses lunettes et repris les faits :

« Aucun indice, ni empreintes digitales ni matériel génétique retrouvé sur place, n'a conduit les enquêteurs sur la piste de l'auteur des blessures d'Omar Khan. Cependant, un examen minutieux des images de vidéosurveillance couplé à une enquête auprès des riverains a permis d'établir qu'Omar Khan avait été suivi depuis le bar gay derrière le Carré Curial jusqu'à l'entrée du parc du Verney, dépourvu de vidéosurveillance. Deux individus ont été identifiés et interrogés. L'un d'eux a été relâché à l'issue de la garde à vue. Le second a été mis en examen et placé en détention provisoire jusqu'à sa relaxe, faute de preuves, le 7 mai 2017. »

Le président interrompit sa lecture, ôta de nouveau ses lunettes et parcourut le public d'un regard gourmand. Emmanuelle ne l'avait jamais vu en débats mais, dans le paysage de la justice plus ou moins ordinaire, elle le situait parfaitement. Comment s'appelait-il, déjà ? Des flashs d'un passé lointain se succédèrent devant ses yeux : un journal froissé, un article occupant l'intégralité de la double page centrale, une histoire de l'exil depuis le Moyen Âge, les affaires de Mitterrand au Rwanda, mais oui, c'était dans *Le Monde diplo*, l'auteur s'appelait Jean-Marc, Jean-Marc quelque chose, membre du Syndicat de la magistrature, président de la cour d'appel de… d'où déjà ? Les prouesses de sa mémoire associative s'arrêtaient là. Ce qu'elle pouvait dire avec certitude, c'est que le président Jean-Marc-quelque-chose maîtrisait l'art de ménager le suspense.

« Le 7 mai 2017, reprit celui-ci, deux heures et dix-sept minutes après l'annonce des résultats de l'élection présidentielle, le commissariat de Chambéry reçoit du commissariat d'Annecy un appel qui lui explique en substance ceci : le 3 mai 2017, un homme s'est présenté au commissariat d'Annecy avec des blessures aux tempes causées par un objet contondant et deux blessures profondes au niveau des omoplates. L'homme a dit qu'il s'appelait Saïd Missaoui et qu'il croyait être victime d'une tentative d'assassinat par un homme armé d'une poêle en fonte et d'un couteau de cuisine. On l'a emmené sans attendre aux urgences. Le lendemain, il a donné l'adresse exacte où l'agression présumée s'était produite. À l'adresse indiquée, un jeune homme d'une vingtaine d'années a ouvert la porte, il a dit que c'était l'appartement de sa mère chez qui il était en vacances. Alexandre Bataille n'a opposé aucune résistance. Interrogé par l'officier de police, il a reconnu une embrouille, une bagarre, mais rejeté avec force toute intention de blesser. Plus tard, il a parlé d'une drague qui avait mal tourné. Il a été mis en examen pour violences volontaires aggravées et placé sous contrôle judiciaire. Soixante heures ont passé, et M. Missaoui s'est présenté de nouveau au commissariat. Il était faible, fébrile, bandé de partout. Alexandre Bataille n'avait pas fait que l'attaquer, il avait aussi parlé, beaucoup, presque autant qu'ils avaient bu. Il lui avait montré des articles sur le meurtre de M. Khan à Chambéry et lui avait affirmé que l'auteur du meurtre, c'était lui. Saïd Missaoui avait d'abord ri, puis lui avait demandé de se taire, et quand M. Bataille avait refusé, il s'était levé pour s'en aller. Tandis qu'il se hâtait vers la porte, on l'avait assommé au moyen d'un ustensile de cuisine. Il s'était retourné : le visage déformé par la folie, M. Bataille brandissait un couteau de cuisine à quelques centimètres de son visage. »

Le président demanda à l'huissier de prélever les pièces à conviction dans un meuble carré à parois de verre : une grosse poêle noire et un mince couteau de cuisine au manche de bois noirci. L'un après l'autre, les jurés examinèrent les ustensiles de cuisine avec une minutie affectée, deux d'entre eux allèrent jusqu'à les soupeser avec un claquement de langue.

« Interrogé par les enquêteurs d'Annecy, M. Bataille a immédiatement avoué le meurtre d'Omar Khan. Il a cependant continué à nier pendant toute la durée de l'enquête avoir voulu porter atteinte à la vie de M. Missaoui, s'en tenant à la version d'une bagarre qui aurait mal tourné. »

Tous les regards se portèrent sur le garçon dans le box. Celui-ci arborait toujours cet air de cadavre extrait d'une cellule cryogénisée, il ne semblait pas sentir le vide que la lecture des faits avait creusé entre lui et le reste du monde. Soudain, il fut comme pris d'agitation, ses yeux se rétrécirent, sa bouche se tordit et il braqua un regard sombre sur un homme chauve vêtu d'un gros pull vert.

Assis au deuxième rang, au banc des familles, l'homme soupirait bruyamment.

Était-ce le père ?

Le président demanda à l'accusé de se lever.

Son regard redevint brumeux, mais le garçon ne bougea pas.

« Levez-vous, c'est la loi. »

Il finit par se mettre debout, sans hâte, nuque fléchie, épaules ramassées, un jeune communiant pris la main dans le sac des hosties.

D'une voix dénuée d'émotion, le président prononça la mise en accusation :

« Vous êtes renvoyé devant cette cour pour assassinat de M. Omar Khan et tentative d'homicide volontaire avec préméditation sur la personne de M. Saïd Missaoui. Vous encourez la réclusion criminelle à perpétuité. Reconnaissez-vous les faits ? »

De nouveau, silence.

Perpète, vingt-cinq ans le gamin, et perpète, songeait Emmanuelle.

Qu'aurait-elle fait si à la place de ce gars inexpressif était son fils ?

D'habitude, c'est elle qu'elle voyait dans le box, séparée de sa mère par la paroi de plexiglas. Mais cette fois-là, le spectre d'un fils chimérique lui faisait face – les yeux pâles, la bouche d'un clown triste.

Emmanuelle laissa courir son regard sur les voisins de celui qu'elle avait, peut-être à tort, identifié comme le père : trois hommes, deux très jeunes femmes.

Mais où donc est la mère ?

« Je suis sorti pour tuer, je suis tombé sur Omar, je l'ai tué. Mais Saïd, non, ce n'est pas ce qui s'est passé. On s'est bagarrés et ça a mal tourné. Il a inventé tout ça pour cacher à sa famille qu'il est pédé. »

Sur le banc des parties civiles, l'homme à la carrure de rugbyman se recroquevilla comme si on lui avait administré une calotte. Par-dessus la table, maître Paladia effleura du bout des doigts l'épaule secouée de violents spasmes. Emmanuelle chercha des yeux l'avocat d'Alexandre Bataille, un vrai sosie d'Al Pacino dans *Le Parrain 3*. Penché sur ses notes, il ne songeait pas à recadrer son client.

Bérénice Bérézeau se leva, descendit de sa tribune et, depuis le centre du prétoire, s'adressa au jeune homme dans le box :

« Monsieur Bataille, vous revendiquez un crime pour lequel votre responsabilité reste à prouver et vous niez celui dont les preuves sont nombreuses et incontestables. Ai-je bien compris ? »

Alexandre Bataille haussa simplement les épaules.

« Répondez !

– Si vous voulez. »

Elle donna un coup de menton en direction du président, et celui-ci suspendit l'audience jusqu'à 14 heures.

10

Sur le parvis, Emmanuelle attendit Joseph Paladia à l'écart du portail par lequel s'écoulait lentement la procession du public. Tout le monde semblait abattu, les épaules ployées sous le poids des débats matinaux. L'avocat avait déjà ôté sa robe, il parlait à Saïd Missaoui, toujours seul, sans famille en vue. Plus loin, près de la statue, les femmes vêtues de noir formaient autour de R2D2 un cercle fermé. À côté d'elles passa le peloton lâche des jurés auxquels le président, encore en robe et marchant à reculons, parlait avec animation, ses bras ondulant comme deux grandes ailes ensanglantées. François Calamatta s'arrêta quelques secondes, échangea deux mots avec Emmanuelle, puis, sa sacoche d'ingénieur Minitel en bandoulière, il fila chez lui écrire son premier compte rendu de la journée.

Emmanuelle sortit son téléphone et ouvrit l'application SNCF Connect. Sous les détails de son voyage, elle choisit Échanger ; l'écran lui renvoya un message d'erreur technique. Elle recommença l'opération deux fois, mais tomba à chaque fois sur la même fin de non-recevoir.

Et merde, si ça continue, va falloir aller à la gare.

« Pardonnez-moi, ma chère Emmanuelle, je vous ai fait attendre ! »

Maître Paladia était devant elle, son Barbour ouvert sur un veston en tweed vert ligné de rouge et de bleu.

« Vous voulez déjeuner ?

– Tout sauf le Bistrot du palais.

– Un sandwich à l'ombre des pins sous le chant des oiseaux ? »

Emmanuelle acquiesça en riant, le ciel était orageux, mais il ne devrait pas pleuvoir dans l'heure.

En marchant vers la boulangerie près de la Fnac, Emmanuelle lui demanda sans détour :

« Dites donc, Joseph, comment cela se fait-il que vous soyez aussi en retrait ? »

Pour toute réponse, l'avocat lui retourna un sourire matois, agrémenté d'un geste vague. Mais Emmanuelle n'avait pas l'intention de le lâcher ; après tout, Paladia n'avait rien à envier aux plus illustres ténors du barreau, sauf qu'au lieu de faire acquitter les méchants, il arrachait pour les victimes et leurs proches des réparations au-delà de toute espérance. Elle ne doutait pas que de nobles sentiments animaient ce monomaniaque des parties civiles, mais elle l'avait trop observé en débat pour ignorer que ce qui le bottait vraiment, c'était désarmer la défense, retourner les jurés, voler la vedette au parquet. Ce n'est pas pour rien qu'on l'avait surnommé Accusator.

« Depuis quand Accusator laisse-t-il son client se faire traiter de pédé sans rien dire ? »

L'avocat esquiva, ils n'avaient pas beaucoup de temps, ne voulait-elle pas plutôt entendre les derniers potins du barreau ? Et il se lança dans une description du principal candidat au bâtonnat – son pedigree, son ambition dingue, sa réputation auprès de ses confrères, sa jovialité digne des plus grands amoureux des médailles et faveurs, et sa détestation viscérale des jurés populaires dont il espérait ardemment précipiter l'abandon. Emmanuelle soupira, plus rien à faire, il était parti dans un tunnel.

Un quart d'heure plus tard, ils pénétraient dans le parc derrière le palais, un jambon-beurre pour lui et un savoyard complet pour elle. Emmanuelle le mena à son banc favori, ils avalèrent quelques bouchées en silence.

« Bon, Emmanuelle, racontez-moi ce que vous fichez à Chambéry. »

Elle posa son sandwich sur le banc, chercha ses mots.

« Qu'est-ce que vous voulez dire par là, Joseph ?

– Comment se fait-il que vous ne soyez pas à Paris ?

– Eh bien, parce que je fais mon travail, et en ce moment l'objet de mon travail se situe à Chambéry.

– Mais enfin, ne me prenez pas pour un con, ma chère. Quand je vois que l'une des plus talentueuses journalistes de sa génération ne couvre ni les démêlés de la Chancellerie, ni les procès des attentats du 13 novembre, ni même, soyons fous, la guerre en Ukraine, je me pose des questions. »

Emma ferma les yeux, respira un grand coup, les rouvrit.

« Je n'ai rien manqué de passionnant. La guerre et ses crimes, le fascisme ailleurs et chez nous, la fin du monde ! Oui, Joseph, il y a de quoi faire plutôt que d'écouter des pauvres types qui massacrent la vie des autres pour se donner l'impression d'en avoir une. Mais il faut aussi que quelqu'un soit là pour eux. »

Des banalités, que des banalités ! Elle se haïssait d'avoir perdu son sang-froid.

« Pourquoi Claude vous a-t-elle mise sur la touche ? »

Ils se dévisagèrent l'un l'autre, deux chiens remuant la queue, se jaugeant de loin. Que savait-il vraiment d'elle ?

Emmanuelle avait fait sa connaissance à son tout premier procès à Chambéry, une affaire d'infirmière tueuse en série qui sévissait dans les EHPAD de la région. Une fois n'était pas coutume, Paladia représentait une famille fortunée. Il lui raconterait autour d'un café-clope que les trois fils avaient mis en vente la belle maison du centre-ville moins d'un mois après la mort du patriarche, envoyant leur mère encore très bien portante dans la maison de retraite la plus pourrie du coin. À l'audience, de son mépris appuyé pour la famille, il ne resterait plus trace, Paladia se montrerait même particulièrement agressif vis-à-vis de l'infirmière liquéfiée dans son box, rendue absente par les médicaments, à la limite de l'effondrement.

Si elle pouvait se confier à quelqu'un, c'était bien à Joseph.

« Votre travail sur Lelandais n'était pas mal, poursuivit-il, songeur, et Emmanuelle sut que le moment était passé. C'était un travail compliqué. Là non plus, ce ne sera pas simple. »

Il sortit de sa poche son téléphone qui vibrait. Il l'éteignit et se leva.

« Je dois voir mon client avant l'interrogatoire de personnalité de Bataille. Vous y serez, j'espère ? »

Elle secoua la tête comme pour chasser ces mots importuns, puis lui demanda, de nouveau raide :

« Vous êtes en retrait, Joseph. Dites-moi, pourquoi ?

– Rien de spécial, juste une intuition.
– De quoi, précisément ?
– C'est un cas où il faut faire attention. Ne pas foncer les yeux fermés.
– Vous pensez que c'est un tueur en série empêché ?
– Je n'en sais rien.
– Il m'évoque juste un pauvre type. »

Quelque chose dans son visage se durcit, et il mit du temps avant de répondre :

« Regardez autour de vous, Emmanuelle. C'est le seul endroit de la ville qui ne soit pas équipé de caméras de vidéosurveillance.
– Quel rapport ?
– Vous voyez cette cabane de jardinier, à dix mètres de nous ? C'est là que le corps d'Omar Kahn a été retrouvé. »

Après son départ, Emmanuelle s'efforça de rassembler ses pensées. Son cerveau, d'habitude si véloce, ne répondait pas à ses sollicitations. Comment était-ce possible qu'elle n'eût jamais fait le lien entre la base arrière du palais et le parc du Verney, alors que l'un et l'autre étaient une seule et même chose ?

Est-ce que ce qu'on disait sur la matière grise des femmes enceintes était vrai ? Qu'elle se perd. Et qu'après l'accouchement, elle ne se reconstitue pas tout de suite. Un éminent professeur avait formulé l'hypothèse que, pour bien s'occuper d'un morceau de chair qui ne sait pas s'exprimer autrement qu'en modulant la tonalité et le volume de ses hurlements, il valait mieux réfléchir moins que trop.

L'éminent professeur n'avait pas l'air mécontent de sa conclusion.

Il n'avait peut-être pas tort.

Mais il n'avait rien dit à propos de la sensibilité poussée à son paroxysme, comme si entre la chair et le réel il n'y avait plus de peau.

Une silhouette voûtée vint s'asseoir à l'autre extrémité du banc. Deux bons mètres les séparaient. Emmanuelle ne savait pas pourquoi, mais elle n'osait pas le regarder. Elle le sentait assis là, ses mains jointes enfoncées entre ses genoux légèrement pliés sous lui ; de brefs tremblements fléchissaient sa nuque à l'oblique, comme s'il avait voulu la regarder sans s'y décider franchement. Il portait un pardessus qui avait appartenu à quelqu'un de corpulent.

Il fallait que l'un des deux se décide à parler en premier. C'était à elle de commencer, elle était l'aînée, et il était là par elle, pour elle. Mais la langue d'Emmanuelle ne remuait pas dans sa bouche. Elle s'ébroua, la poitrine oppressée par un soudain accès d'angoisse. Devant la cabane de bois près de laquelle le corps avait été retrouvé, un jardinier en combinaison de travail nettoyait des outils. La Cité des Arts avalait et recrachait un mince filet de jeunes gens en baggy et sac à dos Eastpack, comme elle n'en avait pas vu depuis son adolescence. Une femme aux cheveux blancs poussait un double trolley sur lequel gigotaient une fille et un garçon du même âge.

Emmanuelle voulut dire au jeune homme en pardessus noir qu'elle les trouvait immenses.

Mais le banc était vide.

Il n'était pas resté longtemps.

Elle consulta sa montre : quatorze heures passées…

Déjà ? Elle se leva d'un bond, et l'instant d'après retomba sur le banc avec un gémissement, le ventre subitement vrillé par un point douloureux. Pile à l'endroit de l'appendice. Elle enfonça ses doigts dans la chair douloureuse, comme elle le faisait au lycée quand elle avait commencé à courir régulièrement avant d'aller en cours. Son bas-ventre lui résista, la douleur devint plus vive, elle cessa de respirer, les doigts paralysés contre la paroi rebondie, puis elle les ôta d'un seul coup avec un petit cri comme on retire la main du feu.

Putain, putain, putain, répétait-elle à voix basse, paumes glacées contre joues brûlantes, boule dans la gorge, yeux secs. Elle sortit son téléphone, se trompa de code deux fois de suite, vite, SNCF Connect, pourvu que ça remarche, vite vite. Elle précisa les lieux et la date et appuya sur Rechercher, et merde, encore erreur technique, elle ouvrit la messagerie, un message de sa mère : rappelle-moi, sec, comme d'habitude, non, elle ne la rappellera pas, pas maintenant, demain, peut-être jamais.

Sur son écran, Emmanuelle effleura le petit cercle où Ida, en maillot à Biarritz, toute bronzée, exécutait avec un grand rire un battement de compétition, comme si la perfection de cette figure de danse n'était pour elle qu'un détail, un jeu qui faisait étinceler ses pupilles à travers les plis de ses paupières brunies par un soleil sans repos. La photo ramena Emmanuelle un an en arrière, virée matinale à la plage, nièce et tante et personne d'autre, la peau contre le sable encore humide des ondées nocturnes. C'était avant l'Erreur, avant la PMA, avant les élections, et les promesses arrachées par la petite fille avec la vie devant elle, quand maman m'inscrira à l'école de danse, quand je réussirai les épreuves de sélection, quand je viendrai vivre à Paris chez Diane et toi, quand on se verra tout le temps et pas seulement pendant les vacances, quand tu m'emmèneras au meilleur procès de tous les temps, quand maman sera guérie.

Emmanuelle rangea son téléphone.

Pas envie d'y retourner.

L'interrogatoire de personnalité, cette purge.

Mais Paladia l'avait à l'œil.

La main sur le point douloureux de son ventre, elle se leva avec peine.

11

Longtemps Emmanuelle avait attendu l'interrogatoire de personnalité avec l'exaltation des premières fois. On laisse le prévenu se raconter avant que d'autres ne le réduisent à ses actes seuls, les experts chargés d'établir en une heure ou deux la radiographie de son âme, les enquêteurs dissertant d'une voix égale sur la quantité d'ADN retrouvé sur l'écharpe du mort, les témoins de moralité se remémorant son regard fuyant quand il ramassait sa baguette sur le comptoir, les voisins décrivant quatre ans après les faits les variations mélodiques du cri de détresse, les avocats des parties civiles exigeant qu'on l'enferme à vie, non pas par vengeance, mais comme juste rétribution du malheur de leur client, l'avocat général jouant la partition impossible de l'abstraction sociale.

À mesure que grandissait son expérience de l'exercice inaugural, la colère la gagnait lentement. On demande aux accusés de parler d'eux, mais ils n'ont, le plus souvent, rien à dire. Les experts parlent d'un « défaut d'élaboration psychique », d'une « absence de mentalisation », bref, de l'incapacité à penser et à dire ce qu'ils éprouvent. Emmanuelle disait simplement qu'ils ne maîtrisaient pas le répertoire de leurs propres affects. Quelque chose dans les premiers temps de leur vie les avait brisés, les scindant en deux : une façade de normalité, et une boîte hermétique, secrète, dont la clef se trouvait égarée. Quand la boîte s'ouvrait, elle libérait une violence qu'aucune volonté, ni la leur ni celle des autres, ne pouvait réfréner.

« Les interrogatoires de personnalité demandent qu'on leur prête une oreille particulière, lui avait écrit Claude dans un mail en réponse à une chronique qu'Emmanuelle avait entièrement consacrée à celui d'un pédophile récidiviste. Le plus dur, c'est de ne pas prendre ce que l'accusé dit de lui au premier degré. Fais le vide dans ta tête. Laisse venir à toi ces signes qui donneront, peut-être, la clef qui résout l'énigme. Ils surgissent dans les omissions, les silences, les brèches, les non-dits, bien plus que dans les mots. »

Emmanuelle avait fait de son mieux pour faire sienne la sagesse de Claude. Elle s'était mise à prêter attention au langage du corps, au phrasé, à la manière propre que chacun d'entre eux avait à *ne pas* parler de lui, à tourner en rond autour de la source du mal. Les discours élaborés, en vase clos, vides de vérité, elle ne les écoutait plus. Diane, à qui elle avait longuement – et confusément – expliqué ce tournant dans la pratique de son métier, l'avait résumé ainsi : « Ton domaine d'exploration est désormais le métadiscours. »

Puis elle avait entendu Hubert Caouissin soutenir que le meurtre de son beau-frère, de sa belle-sœur et de leurs deux enfants, ce n'était pas de sa faute ; le démembrement et le nettoyage des lieux accomplis avec le savoir-faire d'un boucher chevronné, il n'y était pour rien ; au fond, les vraies victimes n'étaient pas les Troadec mais Hubert Caouissin lui-même, celui qu'on présentait à tort comme le monstre. Alors quelque chose en elle s'était brisé. Un mince tube de verre aux parois d'une extraordinaire finesse empli d'un philtre qui suspendait la haine face au mal et préservait une certaine foi en l'humanité même en présence de l'abject.

Depuis, elle en avait terminé avec les interrogatoires de personnalité – ces vides au carré. En février, à Grenoble, elle avait manqué sans remords celui de Nordahl Lelandais. Les comptes Twitter ayant couvert le moment en temps réel n'apportaient rien de neuf ; la vérité, c'est que les acquis laborieux des jours précédents en paraissaient diminués. Comme Maigret, elle ne croyait plus rien.

L'enfance d'Alexandre n'avait rien de remarquable. Sa mère, vendeuse dans une boutique de vêtements pour femmes, puis agente d'accueil dans un spa d'Annecy. Son père, contremaître dans une usine Steiner Vacuitas, une entreprise florissante spécialisée dans le marché du vide, où il était élu du personnel. Pendant l'instruction, sa mère l'avait décrit comme un enfant gentil, très affectueux, très intelligent, un amour d'enfant.

Emmanuelle éprouva un vif malaise – était-ce la nausée qui était de retour ? Ou était-ce parce que les mots qu'avait cités le président, *un amour d'enfant,* étaient les mots exacts que la mère de Nordahl Lelandais avait prononcés à propos de son fils ? Tout lui paraissait étrange et incertain depuis cette place qu'elle n'avait encore jamais occupée. Elle était arrivée avec cinq minutes de retard, et la salle se trouvait déjà bondée, la travée de gauche et le rang du fond pris d'assaut par des ados à peine plus jeunes que l'accusé, de toute évidence un groupe de lycéens en sortie pédagogique. À sa place habituelle, une brune en doudoune serrait son sac à main sur ses genoux. Emmanuelle dut se rabattre sur la dernière place libre, à l'extrémité du deuxième rang de la travée de droite ; une femme de très grande taille en ôta son manteau pour laisser la chroniqueuse s'asseoir.

Les bancs de la famille et des proches étaient plus remplis que le matin.

Pour la première fois, elle s'asseyait près d'eux.

D'où le vertige. L'odeur, rance, de rose blanche et de musc qu'exhalait sa voisine n'arrangeait rien. Et puis, devant elle, au premier rang, le profil de l'homme en gros pull vert, le visage disloqué, tandis que le président abordait ses relations avec son fils.

« Votre père vous dit colérique et impulsif. Qu'en pensez-vous, monsieur Bataille ?

– Rien. On ne se parle plus depuis dix ans. Pour moi, il est aussi vivant qu'un mort.

– Pouvez-vous nous en expliquer les raisons ? Vos parents ont divorcé quand vous aviez douze ans, mais votre père a déclaré qu'il avait toujours été là pour vous.

– Il était surtout là pour me flanquer une raclée quand il n'était pas content. »

Les yeux au ciel, le père secoua la tête.

Sans un regard pour les gesticulations de l'homme, le président poursuivit :

« Il soutient que vous vous jetiez sur lui et le frappiez de toutes vos forces alors que vous ne faisiez pas un mètre cinquante.

– C'est vrai. Je tapais dans les murs, aussi.

– Vous souvenez-vous d'une bagarre en particulier ?

– Oui, monsieur le président. Mon père avait un frère et une sœur, beaucoup plus âgés que lui. Ils remplaçaient un peu mes grands-parents décédés avant ma naissance. Mon oncle est mort en premier, puis ma tante, deux semaines plus tard. Et vous savez quoi ? Il a mis un mois à me le dire. Je n'ai même pas pu assister aux obsèques.

– N'étaient-ce pas votre père et votre mère qui avaient pris cette décision ensemble ?

– Ils étaient séparés depuis longtemps. Mon père a décidé et ma mère a obéi, comme d'habitude.

– Votre père a prévenu les enquêteurs que vous alliez évoquer cet épisode. Mais vous avez omis de préciser que votre oncle et votre tante s'étaient suicidés, à seize jours d'intervalle.

– Qu'est-ce que ça change ? »

Le président le fixa par-dessus ses lunettes.

« La cour pourrait voir un intérêt dans le fait qu'il y a eu dans votre famille de nombreux suicides, des deux côtés. Votre père a affirmé que la décision de vous épargner cette annonce a été prise d'un commun accord avec votre mère. Il s'agissait de vous préserver en plein brevet des collèges.

– Un brevet ça se rattrape, pas un enterrement. »

Ce n'est pas qu'une formule, observa Emmanuelle. Le vide qui lui avait fait haïr les interrogatoires des accusés, puis commettre l'Erreur qui mettrait fin à sa carrière, ce vide, chez Alexandre, n'était pas situé à l'endroit habituel ; les mots étaient là, ils semblaient correspondre à quelque chose dans son ventre, mais cette voix, son filet sinueux comme un fleuve serpentant dans une vallée, c'était la voix d'un accidenté de la route qui s'éveille de son coma. Ces mots durs qu'Alexandre avait eus pour son père, Emmanuelle aurait pu les avoir pour sa mère, sauf qu'à elle, ces mots auraient déchiré les poumons, inondé le visage de larmes, contusionné les oreilles.

« Monsieur Bataille, répliqua le président, sachez que je ne vous lâcherai pas. Parlez-moi de la relation que vous avez avec votre maman.

– Ma mère a toujours été là.

– Pourtant, son nom n'apparaît presque pas sur les registres des visites. Moins souvent que celui de votre père, en tout cas.

– Elle vient d'accoucher.

– Il y a combien de temps ?

– Huit mois.

– Comment le bébé s'appelle-t-il ?

– Antoine.

– L'avez-vous rencontré ?

– Non. J'ai juste vu les photos, c'est ma petite sœur qui me les a montrées. »

Le président n'avait pas détourné le regard d'Alexandre, et Alexandre ne s'était pas retourné une seule fois. À part son père, aucune des femmes des premiers bancs n'arborait le langage corporel des mères – tête baissée, sanglots, balancements répétitifs ou, à l'inverse, immobilité totale, sidération. C'est étrange, songea Emmanuelle. Les mères, quand elles sont vivantes, sont toujours là, et on les voit. Il arrive qu'on ne voie qu'elles.

« Votre sœur naît en 2007, vous avez huit ans. Comment ça se passe avec elle ?

– Ça s'est toujours très bien passé. C'est ma petite sœur, je l'aime. »

Il souriait.

C'était la première fois qu'Emmanuelle le voyait sourire.

« Elle m'aime aussi. Encore. Enfin je crois. »

Ses mains pendaient désormais le long de son corps, et ses épaules se voûtèrent. Le président garda le silence un long moment, puis il livra l'accusé aux parties civiles.

R2D2 l'attaqua sur son goût pour les jeux vidéo, les FPS, les trucs de zombies, les GTA, toutes ces occupations qui démontraient selon lui le caractère antisocial du garçon, son goût précoce pour la violence, la sublimation sauvage de ses pulsions de mort.

Irritée, Emmanuelle cessa d'écouter l'ex-bâtonnier et consulta discrètement son téléphone sous sa veste. Abdallah lui donnait quelques nouvelles du climat politique de la capitale : « L'impression de mijoter à feu doux dans un purgatoire perpétuel », et du service : « Piotr Wansen a une pneumonie carabinée, du coup Claude m'a demandé de le remplacer au procès du 13 novembre le temps de sa convalescence. »

Emmanuelle éteignit son téléphone sans lire le mail de Constance reçu quelques minutes plus tôt. L'information l'avait laissée sonnée. Profitant de son absence, Claude lui avait tout bonnement sucré son stagiaire. Bien sûr qu'il ne pouvait pas refuser une accréditation pour le procès du siècle, c'était autrement plus palpitant que de classer des coupures de presse sur une affaire qui n'intéressait personne. Mais Abdallah avait beau lui assurer qu'il était dispo vingt-quatre heures sur vingt-quatre pour l'assister sur l'affaire Bataille, la portée de ce geste était claire. C'était bien la fin.

La fin : elle l'avait tant attendue, mais la voulait-elle ? Se résignait-elle à ce qu'elle prenne ce visage, par soustraction, retrait, abandon ?

C'était maître Paladia qui faisait à présent face à l'accusé, qui ne le regardait pas.

« Depuis quel âge pratiquez-vous des mutilations sur votre propre corps, monsieur Bataille ? »

Les mains à nouveau nouées devant lui, l'accusé répondit d'une toute petite voix :

« Mes neuf ans.

– Neuf ans ? Je croyais que c'était huit, mais soit. Vos parents vous ont emmené voir quelqu'un, c'est bien cela ?

– Oui, un psychiatre. Pour enfants.

– Un pédopsychiatre. Vous rappelez-vous son nom ? »

Alexandre réfléchit un instant, puis répondit, la tête tournée vers l'avocat :

« M. Barantonis. Il avait un prénom bizarre. Aristide. Aristide Barantonis.

– Vous avez une sacrée mémoire. Quel a été son diagnostic ?

– Il a dit que ça allait passer avec le temps. Que les ados faisaient ça.

– À huit ans, vous n'étiez pas encore un ado. Combien de fois l'avez-vous vu ?

– Une fois. »

Le père bondit de son siège et leva le doigt, tel un

écolier zélé. Ses yeux étincelant d'une mince fureur, le président lui commanda de se rasseoir :

« La parole est à votre fils, monsieur Bataille. Vous vous expliquerez en temps voulu. Je vous en prie, maître, continuez. »

Mais Joseph Paladia n'avait plus de questions. Emmanuelle le suivit des yeux tandis qu'il slalomait entre la grande table ensevelie sous les cahiers, journaux, stylos, ordinateur du chroniqueur Calamatta et les chaises occupées par les collaboratrices de R2D2. Où voulait-il en venir ? Ce ne fut pas son regard qu'elle croisa – Paladia gardait les yeux obstinément baissés –, mais celui de la brune qui lui avait volé sa place ; celle-ci ébaucha un sourire automatique, puis son regard glissa ailleurs, détaillant avec avidité les visages des juges et des jurés. Emmanuelle nota le moleskine noir, le stylo-plume Meisterstück dont elle mordillait le capuchon – pas le plus cher des Montblanc, cinq cents balles et quelques –, le noir de la tête aux pieds, irremarquable sans y arriver tout à fait, car chaque pièce de sa tenue puait le Paris nonchalant et bourré de fric, et le sac à dos en cuir grainé, visiblement griffé et hors de prix, et le denim ourlé d'une bande rouge latérale, et le manteau, surtout, une doudoune bulle en cuir noir pour laquelle Emmanuelle aurait bien claqué la moitié de son salaire si elles n'avaient pas été épuisées quelques jours après leur mise en vente. La Parisienne n'avait même pas pensé à l'ôter, elle devait crever de chaud. Elle porta une main à l'oreille pour remettre une mèche qui lui gênait la vue, et, sur son poignet ainsi dégagé, Emmanuelle admira une Reverso. La brune pencha la tête sur son moleskine et se mit à prendre des notes ; la mèche s'échappa de derrière son oreille, retomba sur son visage.

Emmanuelle éprouva une rage comme elle n'en avait pas encore connu depuis le début du procès. On se ramène pas fringué comme un arbre de Noël dans un lieu où le salaire médian n'excède pas le Smic – sauf les avocats, mais ils portent une robe, et même eux font des efforts.

L'avocate générale s'était levée pour interroger l'accusé, et Emmanuelle s'efforça de détacher le regard de la connasse au moleskine noir.

Bérénice Bérézeau descendit lentement de l'estrade, se plaça dos à RD2D et face aux jurés, sa figure majestueuse se dressant comme un barrage entre les parties civiles et la cour.

Elle demanda à l'accusé de parler de ses pulsions. Il dit qu'il n'avait rien à en dire, alors elle se référa aux explications qu'il avait formulées lors de son second interrogatoire, quand il avait renoncé à l'agressivité et était passé aux aveux :

« Vous confiez avoir éprouvé des pulsions depuis très longtemps, plus de dix ans. Ces pulsions étaient de plus en plus fortes, impérieuses même, si bien que la veille du premier meurtre, vous êtes sorti de votre studio avec l'intention avouée de trouver l'individu qui vous permettrait de les soulager. Vous vous êtes rendu au Bar des Garçons, un haut lieu de sociabilité gay, pour chasser votre victime. Je n'en dis pas plus, pour ne pas empiéter sur les faits. Je voudrais vous entendre sur ces pulsions. »

La tête d'Alexandre semblait prise d'une oscillation

mécanique, comme ces chiens miniatures sur la plage arrière des voitures.

« Elles ont toujours été là. Je… je me lacérais la peau pour garder un minimum de contrôle. Ça suffisait, mais après ça n'a plus suffi.

– Si je comprends bien, il y a eu dans votre vie des moments de répit. Des années, même.

– Parfois les choses s'arrangent, mais elles finissent toujours par devenir encore pires.

– Que peut-il y avoir de si grave pour un enfant de quatorze ans, aimé de ses parents, vivant dans un foyer plutôt aisé, et qui a la vie devant lui ? »

Il ne répondit pas, son menton effondré sur sa poitrine.

« C'est une vraie question, Alexandre. J'ai des enfants, moi aussi. Je voudrais comprendre.

– D'abord, je voulais être sauveteur en haute montagne. Peut-être gendarme. Je faisais des stages avec la Croix-Rouge, c'était bien. Puis j'ai eu cet accident.

– Racontez-nous ce qu'il s'est passé.

– Ce n'est pas intéressant. Je jouais avec ma sœur au parc. Je suis monté sur une cage à poules. Elle était haute de trois mètres. On était dix dessus, je sais pas, des ados sur un jeu pour gamins. Et elle n'était pas fixée. La cage a basculé, moi avec, elle a sectionné mon tibia et mon péroné. Heureusement que ma sœur n'était pas dessus.

– Vos douleurs ont aggravé vos insomnies.

– Elles me réveillaient à peine j'arrivais à m'endormir. Mon corps, c'était plus mon corps. Elles me réveillent toujours.

– Mais après, ça allait mieux, n'est-ce pas ? Vous avez retrouvé une bonne partie de vos capacités.

– Vous ne savez pas ce que c'est. »

Soudain il se redressa et planta son regard dans celui de l'avocate générale.

« J'ai eu trois opérations au genou. J'ai passé presque soixante jours à l'hôpital. Je n'ai plus jamais pu faire de sport. J'ai perdu du muscle, je suis devenu mou. Et puis c'était foutu pour le sauvetage.

– Il y a des enfants qui perdent leurs deux jambes et qui concourent quelques années plus tard aux Jeux paralympiques. Et puis, vous avez commencé à vous automutiler à l'âge de huit ans, soit sept ans avant la survenue de cette fracture. Huit, c'est l'année de naissance de votre petite sœur. Vous recommencez quatre ans plus tard, l'année du divorce de vos parents. Ne voyez-vous pas de lien entre ces événements et vos pulsions ? »

Il haussa les épaules.

« Je ne crois pas. Ça n'a rien à voir avec ma sœur et mes parents. »

Puis, après une pause, il ajouta d'une voix affermie :

« Je voulais voir ce que ça fait de tuer quelqu'un. »

Bérénice Bérézeau demeura silencieuse, et de l'expression de son visage il n'était pas possible de déduire si elle réfléchissait à une nouvelle question ou si elle luttait contre la stupeur. Lentement, elle remonta à sa tribune, le président lança alors en direction de l'avocat d'Alexandre Bataille :

« Je crois que la défense a des questions. »

La défense n'en avait pas.

Emmanuelle décroisa les jambes, se leva doucement, puis, s'efforçant de faire le moins de bruit possible, se faufila hors de la salle Antoine-Favre plongée dans un profond silence.

12

D'abord, un élan la conduisit dans le parc du Verney. Elle voulut s'asseoir encore sur ce banc, observer le morceau de pelouse jouxtant la cabane de jardinier, se représenter le corps de l'homme à terre, dénudé en dessous du ventre, et le jeune Alexandre agrippé à son Opinel ou à un couteau de cuisine, la jambe accidentée fléchie, tremblante, reculant déjà devant le corps qu'il laisserait à l'abandon. Elle s'assit au bord du banc ; à peine ses paupières s'étaient-elles fermées que le sommeil l'envahissait déjà – ce n'était pas prudent de rester ici. Et puis l'autre, *l'autre*, il pouvait débarquer à tout moment pendant qu'elle somnolait, comme il l'avait fait le matin. Cette fois, il ne se contenterait peut-être pas de lui tenir compagnie en silence et se déciderait à parler.

L'image du spectre avec son pardessus bouffant et son masque de cire creusa un vide sous son diaphragme.

Rentrer à l'hôtel, s'allonger. Appeler sa sœur, appeler sa nièce. Changer les billets. Cela ne peut pas continuer. Il faut rentrer à Paris.

À la sortie du parc, alors qu'elle longeait la grille de l'école maternelle tristement silencieuse, elle vit la brune de tout à l'heure, celle qui lui avait pris sa place. Elle marchait dans sa direction, sa doudoune jetée sur ses épaules au-dessus d'une chemise blanche lâchement rentrée dans son jean resserré à la taille par une ceinture en cuir fauve. Le sac à dos qu'elle portait à l'épaule était sur le point de glisser. Sans ralentir le pas, Emmanuelle l'observa se rapprocher d'elle, se demandant ce que cette fille pouvait bien chercher dans ce parc, du repos ou autre chose, une chose en rapport avec la cabane où l'on avait découvert le corps ou d'autres éléments du crime qu'elle consignerait dans son moleskine. Alors qu'elles étaient sur le point de se croiser, la brune jeta les yeux sur elle et lui sourit. Emmanuelle hâta le pas, le visage fermé. Elle l'avait dépassée de quelques mètres lorsque la brune la héla : « On m'a fait savoir que je vous avais pris votre place ! » Sans s'arrêter ni se tourner vers elle, Emmanuelle lança : « Vous me la rendrez demain ! – Vous ne revenez pas ? » Emmanuelle ne répondit pas. Il était seize heures quinze ; elle s'était tirée du palais et ne comptait pas y remettre les pieds avant le lendemain.

Dans sa chambre, elle s'endormit comme on tombe dans un puits. Pendant quelques secondes elle crut qu'elle se levait pour changer son billet de train sur son ordinateur, puis ce fut fini. Elle se réveilla en sursaut, prise d'angoisse ; à travers les rideaux occultants, le jour était encore clair. Elle se rappela que Constance lui avait envoyé un mail et s'empressa de le lire : l'intervention était programmée le jeudi à quinze heures trente.

Il lui faudrait prendre un train tôt pour être à l'heure.

Son téléphone vibrait toujours, elle décrocha.

François Calamatta parla avec une précaution inhabituelle :

« Emmanuelle ? Tout va bien ? Avec Joseph, on t'a cherchée partout. Mais tu étais déjà partie. »

Elle tassa les oreillers sous ses lombaires et appuya sa nuque contre la tête de lit molletonnée.

« Qu'est-ce qu'il s'est raconté après ?

– Tu n'as pas lu mon article ? »

Il lui restitua les détails de la déposition de la directrice de l'enquête : elle avait incendié l'auditoire en soutenant qu'il n'était pas possible d'identifier avec certitude la cause de la mort d'Omar Khan – overdose, crise cardiaque ou hémorragie consécutive aux coups de couteau infligés par l'accusé –, le médecin légiste et les experts avaient confirmé ses conclusions.

« Tu aurais vu Despine-Découz et Bérénice les travailler au corps, tu te serais régalée. Ils les ont atomisés.

– En quel honneur ?

– Ils remettaient en question la qualification d'assassinat. Tu te rends compte ?

– Je suppose qu'ils faisaient leur travail d'experts. On a déjà vu des gens s'accuser à tort. Plus d'une fois.

– Mais là, c'est impossible, Emmanuelle ! Bataille a répété que ce soir-là il était sorti se chercher une victime et que la victime, ce fut Omar Khan.

– Parce qu'il voulait voir ce que cela faisait de tuer.

– Ça aussi, il l'a répété mot pour mot.

– Ce n'est pas la première fois qu'un ado aura eu ces paroles. »

Encore un peu, et on va se fâcher, songea Emmanuelle.

« Je lirai ton article, François.

– Inutile ! Maintenant tu sais tout. À moins que tu ne t'intéresses à ses copains d'enfance et aux amis de sa mère qui chantaient les louanges du petit Alexandre, si doux, si aimable, si gentil, si serviable… et j'en passe. »

Elle lui souhaita une bonne nuit et raccrocha. François n'avait pas posé la question qui avait tourné dans sa bouche. Il ne saurait pas comment elle comptait écrire la chronique d'un procès dont elle avait séché la moitié des débats, un procès du reste si peu digne d'intérêt qu'à part elle, aucun chroniqueur n'avait fait le déplacement depuis la capitale. N'importe quelle badinerie parisienne occupait un rang plus élevé dans l'économie mondiale de l'information que le sort d'Alexandre Bataille.

Son ordinateur chargeait sur le bureau scandinave adossé à un mur aveugle. Emmanuelle enroula la couverture à ses pieds, les draps étaient humides, ses habits aussi ; son corps avait excrété des quantités de sueur comme un lendemain de cuite, et à présent elle tremblait de froid. Elle se glissa dans la salle de bains, évita le miroir, s'empara du peignoir blanc, lourd, plié avec soin. Installée à son bureau, elle ouvrit le navigateur. Le site SNCF ne chargeait pas. Elle entra les premières lettres de Facebook. Elle le consultait peu, mais le mot de passe préenregistré fonctionnait encore. Elle hésita, puis écrivit dans la barre de recherche le nom de l'accusé.

C'était là quelque chose qu'elle n'avait jamais fait.

La France abondait d'Alexandre Bataille. Le premier ne lui disait rien, mais ils avaient vingt-trois amis en commun. Le deuxième, un blond aux dents blanches, *friend* avec sa femme et son beau-frère, était à leur mariage. La photo du troisième était sombre et de mauvaise définition, mais Emmanuelle sut immédiatement que c'était le bon. Putain de Zuck. Des Alexandre Bataille par dizaines, et la machine à fliquer lui envoie le bon profil en troisième place.

Le bon Alexandre Bataille avait deux cent onze amis. Son dernier post datait du 28 avril 2017, quelques jours avant qu'il se rende chez sa mère à Annecy pour le pont du 1er-Mai : une mise à jour de sa photo de profil qu'il n'avait plus changée depuis. Il était grimé en Joker, pas le Joker obséquieux et drôle de Jack Nicholson, mais le sordide psychopathe de Heath Ledger. La version d'Alexandre, la face tartinée de farine, de ketchup et de khôl, était presque plus réelle que l'original. Il fallait remonter son fil à 2014 pour voir apparaître, entre deux odes à Hannibal Lecter, des références normales d'ado de son époque, surtout des jeux vidéo. C'était donc pour ça que R2D2 l'avait attaqué sur sa passion pour les FPS et les zombies ! Emmanuelle sourit en imaginant le notable chambérien, biberonné à Saint-Simon, se faire épeler par l'une de ses collaboratrices *Halo* et *BioShock*. Alexandre avait été, comme elle avant lui, un enfant de ces villes moyennes où l'on traîne en rêvant à des ailleurs pleins de promesses – des promesses que peu seraient amenés à voir réalisées, et que d'autres, à force de les voir s'effacer, finiraient par haïr. Contrairement à elle, il ne goûterait pas à la sociabilité intense et à la réussite dans une grande ville, il ne tomberait pas de haut en découvrant toute la solitude et la brutalité qui les accompagnent, il ne se surprendrait pas à fantasmer sur les charmes d'une existence sans ambition, d'un quotidien sans surprises, sans tourments.

Parmi les photos qu'elle faisait défiler machinalement, un cliché retint son attention. Alexandre, quatorze ans, était au centre d'un groupe de jeunes en gilet orange de la Croix-Rouge. Droit et fier, il affichait un sourire radieux. En dessous, un seul commentaire : « Qu'il est beau mon fils ! Bravo les jeunes secouristes bénévoles ! » – signé Dorine Bataille, entre parenthèses, Costa.

La voilà, la mère. Emmanuelle cliqua sur son nom. La page qui s'ouvrit était vierge, pas de photos, aucune information. Son profil devait être entièrement privé. Ce n'est qu'alors qu'elle se demanda pourquoi celui de son fils était resté ouvert alors qu'il encourait perpète. Que faisait la défense, merde ?

D'autant que sa page contenait plus d'informations qu'il n'en fallait pour conclure à une obsession pour le crime. Entre ses quinze et ses dix-sept ans, ses statuts publics se répétaient avec régularité : des maximes sur les tueurs en série alternaient avec des remarques plus personnelles sur ses insomnies, ses rêves noirs et son humeur morbide – « la grosse déprime, quand tu fais le test de profilage des tueurs en série et que le résultat te dit que t'as 50 % de chances d'être l'un des leurs » –, et même une analyse comparative de Jack l'Éventreur, Hannibal Lecter et Richard Ramirez (dont Wikipédia lui apprit qu'il s'agissait d'un tueur en série californien surnommé *the night stalker* et qui se prenait pour une sorte de Satan ou de surhomme nietzschéen). Des appels au secours mal entendus, songea Emmanuelle en parcourant les commentaires des Laurent, Fabien, Jules, Élisa, Marine, Nicolas et

Camille, qui semblaient s'amuser plus qu'autre chose des incartades enflammées de leur ami.

En mars 2014, c'est-à-dire quelques semaines avant qu'Alexandre ne décide de suivre Omar Khan pour voir ce que ça faisait de tuer, un certain Loup Beauregard faisait son apparition dans les commentaires. Entre ce Loup et Alexandre s'était engagé un dialogue, si bien que les interventions des autres amis étaient devenues accessoires. Emmanuelle cliqua sur sa photo de profil et l'observa un bon moment, le menton appuyé sur la paume, scotchée devant le gracieux visage en noir et blanc nimbé de fumée de cigarette, comme en miroir du célèbre portrait de Gainsbourg. D'autres photos le montraient au milieu de la fête parisienne.

Elle envoya son profil à Abdallah – la nuit, c'était son rayon.

« Tu le connais, lui ? »

Abdallah répondit dans les dix secondes.

« Et comment ! »

Cela voulait dire ce que cela voulait dire.

« Tu le connais d'où ? »

« Emma, voyons, tu sais bien qu'à Paname on se connaît tous. C'est pas pareil entre mangeuses de chattes ? »

Un smiley pirate tirant la langue clôturait son message. Vu l'heure, il devait être un peu fait. Ils étaient copains, mais elle était sa boss, quoique plus pour longtemps. Il dut s'en rendre compte, car il se reprit l'instant d'après :

« Déso madame Borgia, j'ai un coup dans le nez. Allez, je te dis tout. On a un groupe d'amis en commun. Monté à Paris pour niquer tranquillou et faire de la zique. Il mixait à la Péripate avant sa fermeture. C'était pas mal mais pas top pour Paname. Je crois qu'il est de Grenoble. Œdipe clairement pas surmonté. Tu veux des détails ? »

« Surtout pas ! Je te laisse, je dois bosser. »

« Moi aussi je vais retourner au bureau, je suis charrette sur le compte rendu du V13. »

Il termina par le smiley qui envoie un baiser.

Emmanuelle rabattit le couvercle brutalement.

Sans ôter son peignoir, elle se glissa sous la couette. Tandis que l'immobilité s'emparait de son corps, elle se rappela un geste qu'elle avait eu avant de refermer son ordinateur : le clic sur le profil de Dorine Bataille Costa, qu'un autre clic subreptice avait ajoutée comme amie.

Cela recommençait. Des vibrations continues sur sa table de nuit. Cette fois elle décrocha.

« Maman, je dormais.

– Qu'est-ce qui te prend ? Tu ne te couches jamais avant minuit.

– Il me prend que je suis fatiguée.

– Je suis en pleines élections, j'ai une boîte à faire tourner, et je suis toujours debout.

– Comment ça se passe, cette campagne ? Prêts à vous faire reconduire les doigts dans le nez, au nom du sacro-saint *barrage* contre les extrêmes ?

Un bref silence, puis la voix de sa mère lui parvint, assourdie, caverneuse :

« Tu te souviens que ta sœur avait sa visite de contrôle avec la professeure Noyer ? »

Emmanuelle alluma sa lampe de chevet et s'assit dans son lit. C'était hier, comment avait-elle pu oublier ?

« J'attendais qu'Agathe me donne des nouvelles. Tout va bien ? »

De nouveau, un silence, plus long cette fois.

« Maman, parle !

– Les analyses ne sont pas bonnes, il faut faire un PET-scan. Pas de quoi s'alarmer, mais dès qu'ils ont un soupçon, ils ne prennent pas de risques. Et Noyer, tu la connais, elle ne plaisante pas avec cela. »

Aucun oncologue normalement constitué ne plaisante avec les récidives d'un cancer du sein triple négatif, songea Emmanuelle, agrippant son flanc droit, encore vrillé par un élancement.

« Et Ida, comment va-t-elle ?

– Tu n'as qu'à lui passer un coup de fil. Ça fait combien de temps que tu n'as pas donné de nouvelles à ta nièce ? Es-tu même au courant qu'elle a réussi les premières étapes de sélection pour l'école de danse de l'Opéra ? Qu'elle a une audition en mai ? Je ne parle même pas de moi ou de ton père. »

Sa mère avait pris le ton raide de la prof de collège qu'elle avait été dans une vie antérieure. Emmanuelle préférait encore cette froideur aux exclamations enjouées de l'ambassadrice de la start-up nation.

« Ça fait deux mois, Manu, deux mois.

– Passons, maman. J'appellerai Agathe demain. »

Elle se laissa retomber sur le matelas, la lumière toujours allumée. Tandis que le sommeil la gagnait, elle se répétait en boucle, comment avait-elle pu oublier ?

13

Huit ans les séparaient et on ne pouvait pas dire qu'elles étaient proches – pas de confidences sous la couette, de rires étouffés ou de coups de fil quotidiens de deux heures. Agathe s'en était toujours strictement tenue à ceci : elle défendrait Emmanuelle coûte que coûte. Elle en avait les moyens, il suffisait pour cela de l'entendre clore une dispute entre leurs parents d'une réplique sèche et cinglante, et leur mère se taisait aussitôt, s'interrompant parfois au milieu de sa phrase, réduite au silence par sa fille aînée.

Agathe n'avait pas attendu que sa sœur lui confie son manque d'intérêt pour les hommes. En deuxième année d'IUT, elle habitait encore à la maison ; Emmanuelle avait quatorze ans. Leurs parents étaient en Vendée en visite chez la famille de leur père, et Emmanuelle avait ramené sa petite amie dans la maison déserte. Agathe était rentrée alors qu'elles étaient en train de se rouler des pelles dans la chambre d'Emmanuelle. Pas de bruit, rien, aucun signe extérieur – deux copines faisant leurs trucs à l'abri des regards. « Elle n'est pas mal du tout », fit sa sœur lorsque le *date* eut refermé la porte derrière elle. Emmanuelle rougit immédiatement et baissa les yeux. Agathe lui prit les mains. Surprise par ce geste inouï de la part de sa sœur, Emmanuelle leva les yeux, effarée. « Je ne dirai jamais rien aux vieux, mais sache qu'ils s'en doutent. »

Quinze ans plus tard, quand Agathe serra pour la première fois la main de Diane, elle lui glissa sur un ton neutre : « Si tu fais du mal à ma sœur, j'irai te casser la gueule en personne. » Stupéfaite, Diane recula d'un pas ; en un an de relation, Emmanuelle ne l'avait jamais vue décontenancée à ce point. Agathe riait, je plaisante, mais bien sûr, elle ne plaisantait pas.

Après l'IUT, Agathe poursuivit ses études à l'université de Caen, option commerce. À la maison, on la voyait peu. Avec son groupe d'amis, elle se barrait dès qu'elle en avait l'occasion. Emmanuelle se surprit à être plus éprouvée par son absence qu'elle ne l'eût pensé. Au retour d'un voyage à Guéthary, sa sœur annonça qu'elle avait rencontré un homme. Un mois plus tard, elle le présentait aux vieux. La semaine suivante, elle annonçait leurs fiançailles. Emmanuelle, qui ne lui avait connu que des mecs grands et fins, vit débarquer un homme relativement petit, trapu, très brun, les yeux noyés derrière des verres épais. Elle lui trouva un accent bizarre qui s'expliqua assez vite : l'homme était basque.

Agathe partit s'installer dans un village aux portes de Bayonne, où son mari dirigeait une poignée de concessions automobiles. Sa sœur intégra à son tour ce business familial, ne s'interrompant que pour ses congés maternité successifs – d'abord un garçon (retour à plein temps), deux ans plus tard Ida (quatre cinquièmes), puis vingt-deux mois plus tard des jumeaux, après la naissance desquels elle décida de prendre un congé à durée indéterminée.

Emmanuelle descendit à Bayonne pour la naissance de la deuxième. Sa sœur l'admit dans sa chambre avant les autres, avant leurs parents et ses beaux-parents, et Emmanuelle prit dans ses bras un petit être simiesque à la peau de velours. Elle était toute recroquevillée, douce et gracieuse. Emmanuelle s'exclama : « Elle m'a souri ! Comment s'appelle-t-elle ? » Emmanuelle était incapable de détacher les yeux du petit visage brun, de lâcher ce petit corps tout chaud. Agathe répondit : « On voudrait lui donner un nom simple qui convienne à ma famille basque mais qui ne soit pas imprononçable ou typé. Tu as des idées ? » Emmanuelle sourit distraitement : « Moi, j'ai toujours aimé Ada, mais je ne crois pas que ce soit basque. – Ada ? Non, ce n'est pas basque, mais Ida, si. Que dis-tu d'Ida ? »

C'est ainsi qu'Emmanuelle avait choisi le prénom de sa nièce.

Elle en mit du temps, avant de parler d'Ida à Diane.

Elles habitaient déjà ensemble, Emmanuelle venait tout juste de l'emmener pour la première fois à Caen – la scène se déroule dans le train du retour :

Diane demande : « Qui est Ida ? » Détendue, un peu euphorique de l'entente inespérée entre Diane et sa mère – cette dernière s'est fait aussitôt appeler Florence –, Emmanuelle répond sans malice : « C'est ma nièce, mais c'est un peu comme ma fille. » Diane redresse le dossier de son siège, croise ses mains sur l'accoudoir, se penche vers Emmanuelle. Le regard perdu dans le bocage cauchois, celle-ci ne se rend compte de rien. « Tu veux dire que tu l'as portée pour ta sœur ? » Ahurie, Emmanuelle s'exclame : « Bien sûr que non ! Pourquoi me demandes-tu une chose pareille ? C'est juste que notre relation... enfin, nous avons une relation particulière. » Diane la fixe droit dans les yeux : « Elle est ta nièce et toi, tu es sa tante. Cela n'a rien à voir avec la relation d'une mère et de sa fille. » Emmanuelle pose ses mains sur celles de la femme qu'elle aime. « Bien sûr que ça n'a rien à voir. Nous sommes très proches, c'est tout. »

Au fond d'elle couve une fureur râpeuse. Cette relation est son trésor, son secret, son terrain réservé, et personne, personne, ni sa mère ni son père, ni même sa sœur ni encore moins son beau-frère, n'a le droit de faire effraction dans le jardin de leur tendresse. Ida est sienne et elle est à Ida ; un amour pur, passionné, impérissable et désintéressé, un amour évidemment tragique, comme les raides paroles de Diane viennent de le lui rappeler. Elle n'est pas sa mère. La petite finira par se lasser, son affection encore si vive se tassera, se diluera, prenant la texture d'une vague sympathie mâtinée de compassion que viendront raviver plus tard une maladie de sa tante, la solitude ou l'abandon. Voilà maintenant qu'Emmanuelle est en proie à un chagrin malvenu. Diane, avec son irritante manière de tout remettre à sa place, lui a gâché un si plaisant week-end. Elle se sent comme ces coffres-forts tout droit sortis des farces et attrapes, des coffres qu'on déverrouille au moyen d'une épingle à nourrice en moins d'une minute.

Diane s'arrangea pour faire venir Ida à Paris à chaque période de vacances scolaires. Une passion commune pour les burgers au bleu et la Galerie de paléontologie scella entre elles une tendre amitié. Diane ne lui reprocha plus son attachement excessif. Cependant, Emmanuelle savait qu'elle ne le comprenait pas, qu'elle ne l'acceptait pas jusqu'au bout, qu'elle ne pouvait le concevoir que pour un enfant qui serait le leur. Mais avoir un enfant à elles, ne serait-ce pas trahir le cadeau fait par sa sœur, mettre fin à l'exclusivité qui les liait l'une à l'autre ? Et puis, si cet enfant était un garçon, pourrait-elle l'aimer autant qu'elle aimait Ida ?

Quatre ans plus tard, Emmanuelle se cramponnait à la main de sa sœur dans sa chambre d'hôpital, quelques minutes avant qu'un infirmier emmène celle-ci au bloc opératoire où elle subirait une double mastectomie. « J'ai fait Ida pour toi, dit Agathe, et je ne me suis pas trompée, car l'amour que vous avez l'une pour l'autre est au-delà de tout. Tout est dans la lettre que j'ai remise à maître Cazenave. S'il m'arrive quelque chose, Emmanuelle, je veux que ma fille grandisse avec toi. Ne dis rien, voilà, je dois partir maintenant, à tout à l'heure ou adieu. »

L'infirmier emmena le brancard. Emmanuelle resta seule. Les images de l'été précédent l'envahirent : quand la petite s'endormait contre elle sur le transat au bord de la piscine, ses cheveux noirs sentant le citron et le musc, la Toscane au printemps. Elle pleurait, elle souriait.

Plus sa sœur serait diminuée, plus la perspective d'avoir Ida pour elle seule prendrait chair.

Depuis l'instant où cette pensée l'avait traversée, la culpabilité ne la quitterait plus.

MERCREDI SIX

14

Lorsque Emmanuelle se réveilla, il était dix heures passées. Elle écarta les rideaux et jeta un coup d'œil dehors : de faibles rayons perçaient un brouillard encore dense, il allait faire grand beau. À dix heures et demie, après avoir récupéré à l'accueil la décoction de gingembre et les viennoiseries refroidies, elle quitta l'hôtel. Quand, un quart d'heure plus tard, elle arriva sur le parvis du palais, la brume s'était évaporée et les flancs de la montagne étincelaient sous un ciel clair. C'était l'heure de la suspension d'audience : il y avait du monde. Éblouie par le froid soleil printanier, elle plissa les yeux et chercha dans la foule un visage familier. Son regard rencontra celui de Joseph Paladia : adossé au piédestal du jurisconsulte, il fumait, entouré de François Calamatta et d'une femme vêtue d'un col roulé sombre et d'une longue jupe plissée. L'avocat brandit son cigarillo en direction d'Emmanuelle, la femme qui lui tournait le dos se retourna – elle reconnut la brune au moleskine noir. La chroniqueuse avança vers eux ; avant que les deux hommes aient le temps de la sermonner pour son arrivée tardive, elle lança à la cantonade :

« Qu'est-ce que j'ai raté ?

– Ce matin, c'était les psychologues. »

La brune porta à sa bouche une cigarette électronique couleur bronze, puis expira une épaisse fumée aux effluves de santal et de cuir. Elle avait répondu comme si c'était à elle et à elle seule qu'Emmanuelle avait posé la question, et celle-ci décida de jouer le jeu.

« Donc, Rouvière aurait déjà présenté ses conclusions, fit-elle avec un discret sourire.

– Je n'ai pas retenu leurs noms. Il y avait un homme qui avait examiné l'accusé avant qu'Alexandre Bataille passe aux aveux. Naturellement, son rapport était à côté de la plaque. Quant à la femme… je n'ai rien compris à ce qu'elle racontait, peut-être que vous, messieurs, saurez mieux que moi traduire son jargon. »

La brune haussa les épaules, et de ce mouvement émanaient un tel mépris, un tel détachement, qu'Emmanuelle manqua de lui demander ce qu'elle était venue foutre à un procès d'assises.

« Vous n'avez pas l'habitude des rapports d'expert, c'est tout, observa Paladia.

– Sans doute. Mais cette psychologue a eu ce propos qui m'a sciée : on lit dans l'accusé comme dans un livre ouvert. C'est infantilisant, simpliste. Surtout pour enchaîner sur un portrait auquel, personnellement, je n'ai rien compris.

– Moi, je l'ai trouvé très clair, son rapport, dit François avec un haussement d'épaules. Intelligence, manque d'empathie, dissociation, maltraitance du père, accident, scarifications. Violence retournée contre soi, jusqu'à ce que cela ne suffise plus. »

Paladia objecta :

« C'est en elle, en fait, qu'on lisait comme dans un livre ouvert.

– Tu l'as vraiment démolie ! s'exclama le chroniqueur.

– Je l'aurais peut-être épargnée si elle ne nous avait pas enquiquinés avec cette histoire de pulsions de destruction.

– J'ai du mal à comprendre ton animosité, s'échauffa François. Déjà hier, tu avais l'air de ne pas accorder à cette hypothèse beaucoup de crédit. Pourquoi y crois-tu aussi peu ?

– Mes croyances n'ont rien à voir là-dedans ! C'est un concept compliqué, la pulsion de destruction, le *destrudo*, dirait Freud, et plus encore que la libido. Si on se met à réduire tous les actes criminels à une affaire de pulsion, où va-t-on ? Pulsion sexuelle, pulsion narcissique, pulsion de mort, pulsion de haine, la pulsion est à notre siècle ce que le refoulement était au précédent. Une cour d'assises, c'est l'attribution des responsabilités que les accusés fuient. Mais si tout est pulsion, pourquoi s'emmerder avec les responsabilités ? Guère étonnant que pour un nombre croissant de victimes, expliquer, c'est déjà pardonner. Avec moi, on ne joue pas à ça. *C'est la faute aux pulsions d'Alexandre Bataille* : Saïd Missaoui ne se satisfera certainement pas d'une aussi piètre et triste conclusion. »

Et Paladia rit de son rire débonnaire, celui qu'il gardait pour ses interrogatoires lorsqu'il s'employait à secouer les individus les moins sensibles aux secousses. François capitula :

« Moi, je voudrais entendre ce que Rouvière aura à dire là-dessus.

– Tu n'auras pas à attendre longtemps, rétorqua Emmanuelle, puisqu'il va intervenir après la pause.

– Justement : non. Il est à l'étranger pour un colloque. Il sera entendu avant la clôture des débats, demain soir, ou vendredi matin, répondit François.

– Ne pouvait-il pas témoigner en visioconférence ? demanda la brune.

– Oh, ma naïve enfant ! Vous pensez bien qu'on a fait exception pour la grande star ! »

Sans se départir de son sourire, la brune mitrailla les deux hommes du regard. De fait, elle avait raison. Il y avait déjà un bon moment qu'on faisait intervenir en visio non seulement les experts, mais aussi des témoins aussi importants que, par exemple, la belle-mère d'Hubert Caouissin, le boucher assassin de la famille Troadec. Emmanuelle voulut le lui dire, mais Paladia la devança :

« C'est forcément à dessein que le président le fait parler à la toute fin. Jean-Marc Verlaine s'en contrefiche des caprices et des paillettes. »

Verlaine ! Voilà le nom du président.

« Je parie cinquante balles que Rouvière va nous bassiner avec le clivage, poursuivit-il.

– Que feraient-ils sans clivage !

– Que ferait-on, plutôt. »

L'avocat écrasa son cigarillo et le rangea dans une petite boîte métallique. Le chroniqueur le prit par le bras et les deux hommes s'acheminèrent vers le portail.

Les deux femmes se joignirent au bataillon des gens ordinaires devant le portique de sécurité.

« Je vous avais laissé votre place, hier, mais vous n'êtes jamais revenue, dit la brune.

– Vous pouvez la garder. Être du côté de l'accusé, ça me change de perspective. »

La file n'avançait pas. Emmanuelle sentait la présence de la femme à sa droite, dense, impérieuse, contenue, et cependant tendue vers elle.

La brune rompit le silence :

« Qu'est-ce que vous entendez par *clivage* ?

– Vous n'avez jamais entendu ce mot ?

– Si, bien sûr, je vois cela comme une sorte de schizophrénie *light*.

– Vous vous trompez. La schizophrénie est une pathologie mentale, le clivage est un mode d'organisation de la personnalité. Le schizophrène perçoit la frontière entre son intériorité et le monde extérieur de manière perturbée. Et il est complètement impuissant.

– Alors qu'un clivé peut s'empêcher d'être clivé ?

– Ça dépend. Le clivage peut être le résultat d'une histoire personnelle. On retrouve souvent le même tableau : maltraitances, viols, violences, barbarie, torture, abandon. Pour supporter ça, votre corps dresse un mur entre la réalité et son vécu. C'est ce qu'on appelle une dissociation... On en parle beaucoup depuis que la parole des victimes d'inceste a enfin commencé à être entendue. La dissociation est un mode de survie involontaire après un traumatisme grave. Mais le clivage du moi qu'on retrouve chez les criminels est au contraire un mode d'action.

– C'est-à-dire ? »

Emmanuelle s'interrompit le temps de jeter un œil au portique ; un homme refusait de remettre quelque chose que la policière voulait confisquer – le ton montait, la situation semblait enlisée.

Emmanuelle reprit :

« Ça veut dire que vous agissez pour continuer à vivre avec l'impensable, le monstrueux. Prenez les femmes qui commettent un meurtre sur leur nouveau-né. Elles sont jugées aux assises pour homicide *volontaire*. Leurs actes découlaient-ils vraiment de leur volonté ? Imaginez : vous tombez enceinte…

– Non ! »

Le cri de la brune interrompit net la démonstration d'Emmanuelle.

« Pardonnez-moi, l'évocation de la violence contre les enfants m'est insupportable. »

Emmanuelle voulut lui faire remarquer que les assises étaient d'abord une histoire de la violence des forts contre les faibles, des hommes contre les femmes, des adultes contre les enfants, des sains contre les malades. Mais voyant le regard de la brune s'assombrir, ses mains s'enfoncer dans ses poches, ses épaules se recroqueviller, et elle dit autre chose :

« Vous n'êtes pas la seule à penser cela. Les jurés sont extrêmement durs avec ces femmes, elles prennent en moyenne neuf ans. C'est qu'on ignore combien le clivage est chose courante. Prenons un autre exemple : cela ne vous est-il jamais arrivé de coucher avec une personne pour surmonter le dégoût qu'elle vous inspirait ? »

La brune secoua la tête sans la quitter du regard.

« Je ne couche qu'avec les gens qui me plaisent. »

Enfin elles passèrent le portique. Alors qu'elles piétinaient derrière les lycéens en sortie pédagogique, Emmanuelle attrapa la brune par le bras :

« On ne s'est pas présentées.

– Je m'appelle Lucrèce. Et je vois très bien qui vous êtes », répondit-elle.

Derrière elles, la policière au carré noir vociféra :

« Mesdames, avancez, vous bouchez le passage, là ! »

Emmanuelle ôta sa main de la manche de cuir.

« Je lis toutes vos chroniques, Emmanuelle Borgia. »

15

C'était sa mère qui l'avait choisi. Dans la famille, aucune femme ne l'avait porté, et aucun homme n'avait porté sa version masculine. Elle était la deuxième de la fratrie ; sa mère savait qu'elle resterait seconde. Elle voulait qu'elle soit unique ; elle lui avait donné un nom qu'elle pensait unique.

Chaque année entre la fin des années soixante et la fin des années quatre-vingt, entre deux mille et quatre mille nouveau-nées portaient à leur poignet un bracelet étiqueté de ce nom, Emmanuelle. Les garçons, c'était presque deux fois plus. En 1985, année de la naissance de la cadette Borgia, c'était déjà le début de la décrue. La mère d'Emmanuelle, qui se targuait de tout savoir, était passée à côté : elle avait donné à sa fille l'un des prénoms les plus en vogue de son époque.

Aux dîners de famille, c'était un sujet de plaisanteries récurrent. Quand elle avait un coup dans le nez, Agathe brandissait son téléphone avec des photos de fauteuils canne de rotin tressée et dossier haut, qu'on appelait depuis le film éponyme les fauteuils Emmanuelle, et elle jurait qu'ils avaient servi de chaise de bébé à sa sœur cadette. La mère en était toujours embarrassée, le père se marrait doucement dans sa moustache.

Ainsi Diane avait commencé une lettre à Emmanuelle : « Première impression : majesté même, vertu incarnée, un rien austère. Puis vient la note de fond, androgyne, ambiguë (Emmanuelle, Emmanuel, du pareil au même), aussitôt contredite par les sonorités primaires (maman, nue, aile) : c'est une femme, ce ne peut être qu'une femme. Survient alors le glissando final, il abolit la plus pure intention, ouvre la porte à toutes les licences. Emmanuelle, parce que telle l'exige ta musique. Rien à voir avec ce très mauvais film. »

À treize ans, Emmanuelle découvrit que ses parents s'étaient constitué une vidéothèque privée, une collection secrète planquée tout au fond de l'armoire du salon, derrière les vieux manuels scolaires de sa mère. Les cassettes ne portaient pas d'étiquette ; leur visionnage initia Emmanuelle au cinéma, au vrai, quoique dans sa partie plutôt transgressive et dénudée. Des années plus tard, quand elle acquit auprès de son amie Margot et de sa bande de la Fémis un goût et des connaissances plus sûrs, elle se souviendrait, stupéfaite, des nanars rangés en bataillons serrés dans la vidéothèque à la vue de tous, en accès certes limité mais autorisé, et des chefs-d'œuvre que ses parents se gardaient rien que pour eux, nourritures secrètes de leur intimité sans doute vivace et heureuse, mais interdites à leurs filles tenues en bride.

Ou alors… sa mère savait-elle où elle mettait les pieds ? La trilogie *Emmanuelle* avait été tournée presque dix ans avant sa naissance. Elle ne figurait pas sur le rayon maudit, mais ses parents ne pouvaient pas en ignorer l'existence. Sa mère avait-elle voulu faire une farce ?

Avec sa copine Caro, elles visionnèrent ces cassettes l'une après l'autre, entre midi et deux, et aussi certains après-midis quand sa mère faisait cours. Caro, avec sa famille du genre prière avant les repas, petit séminaire pour les garçons et mariage arrangé pour les filles, n'avait ni télé ni magnétoscope. Le rayon maudit avait fait leur bonheur. Emmanuelle s'intéressait davantage aux plans et aux dialogues, aux personnages et à leurs rapports, sans doute parce que les scènes de sexe à proprement parler ne lui faisaient aucun effet. À cette époque, on ne parlait pas encore d'asexualité, mais si Emmanuelle était née quinze ans plus tard, elle se serait sans doute reconnue dans ce portrait-type. Puis l'avant-dernière cassette gravée du duo de choc *Les Cent Vingt Journées de Sodome* et *Le Dernier Tango à Paris* fut consommée, et les amies prélevèrent sur le rayon maudit la toute dernière. Alors, ce qu'Emmanuelle prenait pour un destin d'insensibilité s'écroula d'un seul coup.

Cette dernière cassette ne ressemblait pas aux autres ; elle était emballée dans une pochette avec le nom des acteurs et un résumé de chacun des deux films.

D'abord, *Premiers désirs*, un nanar réalisé par David Hamilton, un photographe en vogue qui restera célèbre pour des faits notoires de pédophilie sur ses actrices et modèles, comme son film restera dans les livres d'histoire comme le premier rôle d'Emmanuelle Béart. Dans l'histoire intime d'Emmanuelle Borgia, ce film marquerait la reconnaissance franche et consciente de son attirance pour les femmes.

Elle s'étonna d'abord de l'étrange fascination qu'exerçait sur elle Hélène, plus que les autres – toutes les femmes dans ce film étaient à tomber, Hamilton avait l'œil pour ce genre de chose – mais seule Hélène embrassait une femme. Cette scène de baiser – un discret effleurement posé par une femme sur la bouche d'une femme qui dormait, toutes deux habillées – la mit dans tous ses états. Le soir, en repensant à cette scène, elle en éprouva un vif afflux d'excitation, si bien que sa main glissa d'elle-même vers son sexe, tandis que sa tête tournait autour des seins d'Hélène, de ses fesses, de ses lèvres, de ses cheveux, de ses sourcils un peu épais, de la débauche ingénue de son visage, des costumes trop habillés, obscènes.

Emmanuelle n'était ni stupide ni naïve, elle savait parfaitement ce que cela signifiait de se trouver diablement excitée par Emmanuelle Béart, de vouloir une femme, de désirer d'autres femmes. Lesbienne. Le fil, tout à coup si palpable, si épais, avait en fait toujours été là.

Vingt ans plus tard, heurté par la déferlante #MeToo sur les obscurs génies réputés intouchables, David Hamilton mettait fin à sa vie. Ce n'est pas trop tôt, et ce n'est pas assez, songeait Emmanuelle, encore épouvantée par les témoignages de ses nombreuses victimes. Comment avait-elle pu passer à côté de ce qui sautait pourtant aux yeux, ce vieux beau obsédé par des jeunes filles à peine nubiles, des mineures de moins de quinze ans, intemporelles, dominées, animales ? N'avait-elle pas elle aussi participé à cette industrie de la violence et du viol dont il faudrait attendre si longtemps que ses monstres sacrés tels Hamilton et Matzneff soient déclarés monstres tout court ? Elle avait treize ans. Qu'en savait-elle ? Quelle sombre ironie, cependant, que la reconnaissance par Emmanuelle de ses désirs doive tant à l'œuvre d'un homme comme Hamilton, un homme à qui elle souhaitait de brûler en enfer pour l'éternité.

Était-ce là que se nichaient aussi les causes de la curieuse pudeur qui, toutes ces années, l'avait retenue de visionner *Emmanuelle* ?

Elle lirait *Nue*, une autobiographie écrite par Sylvia Kristel, le rôle-titre d'*Emmanuelle*, et pour beaucoup, rien que cela. Tomberait raide dingue de son talent gâté par le regard des hommes. Le jour de sa mort, elle pleurerait, puis irait tanner le rédac chef du journal pour lequel elle pigeait à l'époque afin qu'il la laisse faire sa nécro. « Femmes de tous bords, hommes de tous horizons, jetez les horloges, coupez les lignes, fermez le piano : une femme est morte, Sylvia Kristel, l'Élégance, la Souffrance, le Verbe. » Le rédac chef avait trouvé son article un peu ampoulé et très exagéré, mais comme il n'avait pas le temps, il avait laissé couler.

Borgia, c'était un accident et un trésor. Le nom lui venait de son arrière-grand-père italien, Massimiliano Borgia. Ouvrier dans le bâtiment, il était arrivé en Lorraine dans les années vingt avec sa femme Maria, couturière – les bonnes professions dans la bonne région au bon moment. Ce n'était sans doute pas le vrai nom de ce communiste italien qui avait fui l'Italie fasciste de Mussolini. Mais comme il mourut jeune, avant sa retraite et avant la naissance d'Emmanuelle, il n'y avait plus personne à qui réclamer la vérité. Devenu instituteur, le fils de Maria et de Massimiliano se fit muter dès qu'il le put. Son grand-père maternel rêvait de la Méditerranée, il eut le Calvados. Toujours vivants, lui et sa femme vivaient près de Grasse ; Emmanuelle ne les voyait plus.

Sa mère avait décidé de garder son nom de jeune fille, et son père se fit aussi appeler Borgia. Dans les années soixante-dix, à Caen, ce n'était pas commun. Leurs amis s'expliquaient ce curieux choix par le nom du jeune marié, Soulard, trop proche de ce qu'ils percevaient comme le fond de son caractère. Emmanuelle se demandait de plus en plus si cela n'avait pas nui à son père dans son travail ; il avait douloureusement atteint le grade de brigadier-chef à soixante ans passés, et il ne lui fallait pas espérer monter plus haut. Au poste, sur le terrain, à la maison, d'aussi loin qu'elle s'en souvenait, il passait pour taiseux, résigné, pour ne pas dire passif ou, pire encore, soumis.

De son père, Emmanuelle aimait la douceur, elle en aimait le tact. Elle aimait qu'il ne lui ait pas donné son nom, que le sort d'Emmanuelle Soulard lui ait été épargné. À présent qu'il y avait péril en la demeure et qu'elle n'était plus certaine d'entrevoir une issue, son nom la rattachait au monde d'avant, à la vie ordinaire, comme l'ultime barrière qui la retenait de sombrer dans la folie.

16

Le père était déjà à la barre. Emmanuelle prit sa nouvelle place : travée de droite, deuxième rang. Lucrèce se dirigea vers celle qui avait été la sienne, et qui ne l'était plus. Elles échangèrent un sourire complice ; ce n'était pas si mal ainsi.

Bertrand Bataille affirma que l'enfance d'Alexandre avait été heureuse et l'entente familiale parfaite, jusqu'à la naissance de sa sœur et les premières scarifications d'Alexandre… Il avait été un père présent, aimant, parfois dur, mais c'était normal à l'époque, et puis ce n'était pas grand-chose, pas de ceinture, pas de boucle, pas de douches glacées, pas de coups de pied, mais il était si difficile de lui faire comprendre les choses autrement… Qu'il est dur d'élever un enfant ! Il est arrivé qu'on se batte, mais je ne l'ai jamais frappé. Oui, on aurait dû faire quelque chose pour les scarifications, on était si démunis… C'est trop tard, maintenant. Je l'aime et je le soutiens, mais je lui en veux. J'angoisse, je suis malheureux, ce n'est pas de sa faute, mais il est responsable. Je ne l'ai presque pas vu pendant dix ans, mais ma porte était toujours ouverte. Oui, c'est vrai, je l'avais enfermé dans la remise, mais cela n'avait pas duré longtemps. Ce n'est pas de la maltraitance, mais de la maladresse. Ses actes horribles, je ne les comprends pas mais je ne juge pas mais je ne pardonne pas mais mon fils je l'aime toujours.

Le président avait ôté ses lunettes et se frottait les tempes, comme à la fin d'une journée éprouvante de débats, alors qu'il n'était que onze heures. Les jurés toisaient le père avec un éclat de blâme dans les yeux, surtout les hommes. Même Paladia, d'habitude imperturbable, s'était penché sur ses notes qu'il feignait de consulter, comme s'il ne connaissait pas le dossier jusqu'à la dernière faute de frappe.

Le regard vissé sur un point fixe quelque part au niveau des épaules de son père – des épaules solides, insultantes pour celles d'Alexandre, recroquevillées et chétives –, le jeune homme ne semblait plus tenir que par un fil reliant sa nuque au plafond.

Le président lorgna le box :

« Je voudrais entendre l'accusé sur sa perception de vos méthodes de... d'éducation. »

Alexandre se leva aussitôt.

« Mon père a oublié de vous dire qu'il ne sait pas parler. Pour lui, le conflit, ça se résout par le silence ou par un geste violent. »

Il paraissait calme, sa voix claire – sans colère.

« Avez-vous le souvenir de moments de complicité, de conversations que vous avez eus ensemble ? »

Alexandre prit un moment avant de répondre :

« Monsieur le président, la dernière fois qu'il m'a parlé,

il m'a dit que j'avais eu de la chance que Zemmour n'ait pas encore rétabli la peine de mort. »

Un vacarme de murmures outrés couvrit les protestations du père, embrouillé dans des gesticulations saccadées.

« Monsieur Bataille, articula Paladia avec lenteur, avez-vous bien dit à votre fils que s'il lui restait une goutte de dignité, il ferait mieux de se pendre ?

– Ce n'est pas ce que j'ai dit, pas exactement, pas comme ça. J'ai dit que c'est ce que j'aurais fait à sa place, et c'est vrai, c'est ce que je ferais. »

Paladia le laissait se débattre sans le regarder.

« J'ai certainement été maladroit.

– Ce n'est pas le lieu pour vous juger. Le seul prévenu est votre fils. J'ai une dernière question, monsieur Bataille, connaissez-vous Saïd Missaoui, mon client ?

– Oui, je le connais, mais pas très bien.

– Lui connaissez-vous des préférences homosexuelles ?

– Je ne lui connais rien du tout, puisque je vous dis que je ne le connais pas bien.

– Pouvez-vous éclairer la cour sur la relation qui vous lie à Saïd Missaoui ?

– Mais il n'y a pas de relation ! »

Le père s'agaçait, comme pour cacher son embarras.

« Au moment des faits, Saïd Missaoui est employé en tant que technicien en charge de l'exploitation et de la maintenance au sein de votre équipe. C'est une drôle de coïncidence, de celles qui nous invitent à ne pas confondre corrélation et causalité. Mais ce n'est pas le sujet d'aujourd'hui. Le sujet, c'est que M. Missaoui travaillait à vos côtés depuis plus de quatre ans. Je laisse la cour juger du sens qu'a pour vous le fait de ne pas connaître quelqu'un très bien. »

Emmanuelle ferma les yeux. *Préférences homosexuelles.* Il faudrait lui dire, à Joseph, qu'on ne parlait plus comme ça.

L'avocate générale se leva à son tour. Tandis qu'elle discourait des pères exécrables – elle en avait vu passer un paquet – et des pères parfaits qui n'existent pas, du père qu'était Bertrand Bataille, ni parfait ni criminel, un père qui avait commis des erreurs comme tant de pères dont les fils ne sont jamais envoyés devant les assises pour assassinat, Emmanuelle se rendit à la conclusion qu'entre ce qui se tramait depuis la veille dans le prétoire et la vérité de ce garçon, il ne semblait y avoir aucune correspondance, comme si deux mondes coexistaient en parallèle, enclos dans deux vases non communicants.

Ce n'était pas ici, dans la salle Antoine-Favre qu'elle aimait tant et qu'elle avait tant fréquentée, ce n'était pas dans ces débats qu'elle trouverait la vérité.

17

Paladia voulut l'emmener au Bistrot du palais, mais elle esquiva, prétextant la chronique à écrire. Ils déjeunaient toujours ensemble le deuxième jour, son refus le froissa. Elle lui racontait des salades, il le savait, elle savait qu'il savait ; Emmanuelle n'écrivait que le soir.

Elle avait envie d'être seule. Les viennoiseries du matin, la décoction de gingembre. Un coup de fil à sa sœur. S'il ne pleuvait pas, un somme rapide sous le chapiteau des pins.

Elle s'installa sur son banc habituel, juste en face de la scène de crime. Il faisait tiède à présent, elle ôta son pull et le noua autour de son cou. Puis elle appela sa sœur. Direct sur le répondeur. Elle voulut laisser un message oral, mais sa boîte était pleine. Elle lui envoya des messages, par tous les canaux. Agathe ne lui répondait pas. Ce n'était pas son genre de se laisser surprendre sans armure, perdue au milieu du désert, vulnérable. Emmanuelle se souvenait encore de sa réaction à l'annonce de la maladie ; l'horreur de dépendre des autres et de leurs soins avait heurté sa sœur avec plus de force que le pronostic défavorable.

Seul espoir de lui parler – prendre le train pour Bayonne.

Elle but quelques gorgées du jus corsé et tiède, mâchouilla sans appétit la pâte déjà élastique. Elle n'avait pas achevé le croissant qu'elle sentit à ses côtés une présence physique nouvelle, familière. Il ne l'avait pas oubliée, il était venu, avec son pardessus bouffant, son pâle visage pointu.

« Hier, Bérénice Bérézeau t'a demandé si tu pouvais penser à quelque chose que tu aimais chez toi, des qualités que tu te trouvais.

– Je m'en souviens. Je ne sais plus ce que je lui ai répondu, dit le spectre d'Alexandre.

– Vraiment, tu ne t'en souviens pas ?

– Non, je te jure.

– Tu as dit : Je suis dans le box, alors il est difficile de me trouver des qualités.

– C'est vraiment une réponse de merde.

– Tu sais, je n'aurais pas répondu autrement. Tu me mets dans ce box, tu me poses la même question, je pense que la seule réponse que je serais en mesure de te donner serait un truc du genre, je suis perfectionniste. »

Alexandre rit en fermant les yeux, un peu comme sur cette photo de lui en gilet de sauveteur de la Croix-Rouge, fier et souriant, entouré de pairs aussi fiers et souriants que lui.

« Je te parie qu'elle répondrait : Surtout en matière de nettoyage de scènes de crime, madame Borgia ? »

Son visage s'anima de façon extraordinaire, comme si, à partir d'une figure inerte, un dessinateur avait fait naître, en quelques coups de crayon, un personnage vivant.

« Quand sur ton mur Facebook, il y a dix ans, tu louais l'intelligence exceptionnelle des tueurs en série, quand tu admirais leur classe, quand tu déclarais que tu pourrais bien être l'un des leurs, n'était-ce pas une façon de te chercher des qualités, des compétences ? De te trouver des *role models* à la mesure de tes possibilités ?

– Désolé, mais je ne comprends pas ta question.

– Je veux dire… dans une banlieue oubliée de Dieu, abandonné de ton père, le genou cassé, adieu à la Croix-Rouge, peut-être t'essayais-tu à la seule carrière qui te semblait réaliste. »

Il se taisait, le front tendu de celui qui s'engage dans une intense cogitation. Elle en remit une couche :

« Un tueur en série qui réussit, ça a quand même plus de gueule qu'un étudiant en socio recalé dès la première année de licence, tu ne crois pas ?

– Je ne sais pas. Mais je voyais très bien que quelque chose ne tournait pas rond. Que quelque chose était cassé… ici. »

Il tapota sa boîte crânienne d'un air soudain dégoûté.

« Mais on a tous quelque chose de cassé ici ! Tu veux que je te raconte ce qui me passait par la tête à quinze ans ?

– Tu te réveillais au milieu de la nuit en te demandant ce que ça fait de tuer quelqu'un ? »

Elle frissonna sous son regard glacial et coupant, celui-là même dont son double, le vrai Alexandre, ne s'était pas départi depuis le début de son procès.

« Oui, j'ai déjà pensé à tuer quelqu'un, fit-elle.

– Intéressant. Une personne précise ?

– Peu importe.

– Et tu as essayé de la tuer dans la vraie vie ? »

Elle ne répondit pas. Il sourit, comme si elle avait achevé la démonstration à sa place.

« Tu es une petite joueuse, Emma. Moi, je ne rêvais pas, j'en rêvais. Tout ce qui m'intéressait, c'est de le faire un jour. Pas une personne précise, une personne tout court. N'importe laquelle. »

Elle aurait voulu qu'il se désagrège.

« Va-t'en, c'en est assez pour aujourd'hui. »

Il ne semblait pas l'avoir entendue.

« Tu vois, je suis vicié depuis la naissance, il y a rien à faire.

– Personne n'est jamais définitivement fichu. C'est un mythe.

– C'est pourtant ce que tu as écrit à Nantes, il y a un an. Il y a des gens irréparables, et il serait mieux qu'ils ne soient plus là.

– Je n'ai fait que retranscrire un sentiment inavouable, mais très répandu. Il y a assurément des causes plus nobles : le soin des victimes, la rédemption des bourreaux.

– Toi, Emmanuelle, tu n'appartiens à aucun de ces deux camps. C'est autre chose que tu es venue chercher ici. »

Son profil de palmipède commençait à s'évanouir. D'une voix étouffée, à peine audible, il murmura :

« Je sais que tu restes pour ma mère. Ne la juge pas trop sévèrement. Elle n'est quand même pas bien tombée avec moi. »

L'instant d'après, il avait complètement disparu.

18

Quand Emmanuelle pénétra dans le palais, c'était encore désert, les gens commençaient tout juste à revenir de leur déjeuner. Elle aurait le temps de passer saluer François de Sales avant la reprise des débats. Baignée d'une lumière jaune et vive particulière à Chambéry, la cour avait la solennité d'un cloître. Elle leva la tête et respira le printemps précoce, auquel le jaune des pilastres et les arcades peintes de rouge sarde et de vert sapin donnaient des airs d'après-midi romaine. Dommage que tout l'espace autour de la petite fontaine soit encombré par des voitures, mais il fallait bien que les convois stationnent quelque part.

Elle gravit les marches de l'escalier d'honneur et s'engagea dans la salle des pas perdus. Aveuglée par les reflets blancs que réfléchissait le parquet, elle se crut transportée dans le champ de blé et de coquelicots de la fresque qui recouvrait un mur entier de la salle. Que n'eût-elle pas donné pour se jeter la tête la première dans ces bottes de foin, faire trempette dans l'eau azur de la rivière, s'étendre sur le matelas dru d'épis couchés, laisser le soleil sécher sa peau nue, sentir de tout son être le gai labeur des travailleurs.

Emmanuelle gagna la galerie qui longeait la façade intérieure du bâtiment, un couloir assez vaste où l'on stockait, faute de place et faute de mieux, toutes sortes de mobilier en trop : armoires remplies de bibelots, bureaux ministre, gros fauteuils en velours. Elle songea encore aux palazzi romains tout de couloirs et de passages, de tableaux dont on ne savait pas toujours dire si c'étaient des chefs-d'œuvre ou des croûtes. Elle dépassa la salle des séances solennelles et s'arrêta un moment devant une sorte de bavoir rouge à grosse croix – un écriteau indiquant qu'il s'agissait de la chasuble de saint François de Sales –, puis elle s'achemina d'un pas plus vif vers l'extrémité de la galerie, où un tableau représentait le propriétaire de la chasuble dans une scène qui l'avait toujours interloquée. Elle venait l'admirer à chacun de ses séjours à Chambéry et elle aurait pu le reproduire dans le moindre détail. Saint François de Sales est en train de convertir deux hérétiques : à genoux et le dos arqué, son épée jetée par terre, le premier fait déjà pénitence ; la main armée de l'autre hésite encore entre l'attaque et le renoncement. Saint François de Sales demeure quant à lui entièrement concentré sur sa tâche : il dégage un calme absolu. La scène avait quelque chose de risible ; principalement à cause de l'éclaboussure blanche à l'arrière-plan, censée symboliser la présence de Dieu.

Emmanuelle était encore loin quand elle aperçut devant la toile une femme, ses mains jointes derrière son dos. Si elle n'était pas seule, la visite ne servait plus à rien. Elle s'apprêta à faire demi-tour quand la femme se tourna vers elle. Emmanuelle réprima un cri : c'était le garçon dans le box, en plus grand, plus large, plus sombre.

La femme ne paraissait ni surprise ni embarrassée.

« Désolée, dit Emmanuelle, je voulais juste voir le tableau. »

La femme s'écarta, puis esquissa un geste de la main. Illuminés par les rais poussiéreux, ses ongles miroitèrent d'un éclat violet. Comme hypnotisée, Emmanuelle prit place à ses côtés.

Elle porta le regard sur le tableau, mais elle ne le voyait pas. Emmanuelle cherchait le nom de cette actrice danoise dont la ressemblance avec la femme était saisissante : même charpente solide, même cou large, mêmes pommettes hautes et mêmes yeux étirés vers les tempes, même brushing aux épaules. La femme à ses côtés portait les marques du temps, elle avait les yeux foncés alors que l'actrice danoise les avait clairs, mais globalement, elle lui ressemblait presque autant qu'à son fils.

Ce fut Dorine qui rompit le silence.

« Bizarre, quand même, ils disent deux mécréants qu'il convertit, mais l'autre, là, celui qui est derrière, il n'a pas l'intention de poser son épée.

– Il va finir par le faire, répondit Emmanuelle.

– Qui sait. Peut-être qu'il va changer d'avis et se retourner contre le saint.

– Je pense que le peintre voulait simplement saisir le mouvement. Je vous accorde que ce n'est pas une franche réussite. »

Dorine ne répondit pas. Elle demeurait simplement à ses côtés, à la limite de l'inertie.

« Il n'y a pas une église Saint-François-de-Sales à Annecy ? s'entendit prononcer Emmanuelle, le sang battant à ses tempes.

– Si, il y en a une. Juste à côté de mon travail. J'y passe parfois à la pause déj. »

Dorine ne manifesta aucun étonnement que cette femme qu'elle ne connaissait pas, qu'elle n'avait jamais vue, paraisse savoir où elle habitait.

« C'est le saint patron des journalistes, précisa Emmanuelle, comme pour meubler le blanc.

– Et vous êtes journaliste », dit Dorine.

Ce n'était pas une question. Emmanuelle lui tourna le dos et s'approcha de la fenêtre ; la cour se remplissait. Toute la surface de sa peau se hérissa de tremblements, comme lorsque surgissait, au milieu d'une chronique qu'elle ne parvenait pas à écrire, une idée neuve, une observation dont la puissance anéantissait ce qui avait précédé et commandait de reprendre l'article à zéro. Ce n'était pas l'idée qui comptait – d'ailleurs, elle ne restait jamais sous sa forme première dans le rendu final –, mais le moment : une fulgurance, une conversion.

« Ça va commencer, dit Emmanuelle sans se retourner. Je crois que votre tour est venu. »

Quelques instants passèrent et elle sentit une présence ; la mère était venue se placer à côté de la chroniqueuse, devant la fenêtre donnant sur le cloître. Emmanuelle l'observa à la dérobée : ses puissants pouces soutenaient son menton enfoui dans les paumes jointes à la racine, ses doigts vertigineusement longs s'achevaient par des ongles semblables à de minuscules canoës mauves constellés de petits points jaunes et verts – seules taches de couleur sur la silhouette que le contre-jour avait rendue grise et sinistre.

19

Lorsque Emmanuelle était petite sa mère ne se faisait jamais les ongles. Quand elle la prenait sur ses genoux ou la déplaçait d'un endroit à l'autre – sans impatience ni brutalité, simplement parce qu'Emmanuelle restait plantée là, indolente –, elle goûtait des mains de sa mère l'agilité, la force et l'absence de manucure. Les autres femmes de la famille avaient parfois les ongles faits – pas toujours – pour les grandes occasions ou les vacances, rouge foncé pour les fêtes de Noël, rouge sang pour son anniversaire de mariage, dans les tons beiges pour l'été. Certaines ne juraient que par le rose, en toute saison.

Dès qu'elles portaient du vernis, elles étaient comme transfigurées. Elles avaient été femmes, elles devenaient reines. Il ne fallait plus courir autour d'elles ou les couvrir de baisers impromptus. Les ongles faits les rendaient un peu moins mères. Si un cousin avait la mauvaise idée de se cacher et de bondir sur sa mère en rugissant, il se prenait une tarte. Elles ne pouvaient plus se permettre des gestes nuisibles à l'intégrité de leur vernis. Plus tard, quand les cousins étaient entrés dans l'âge où l'on fait la grimace en présence de ses vieux, les ongles leur épargnèrent les tendresses dégoulinantes et les smacks baveux ; ah, les ongles, ces protecteurs éternels des enfants contre l'emprise étouffante des mères.

Après le dîner, elles restaient traîner à table avec un verre de vin ou un digestif, la clope se consumant dans un cendrier. Ah non, la vaisselle, ça ne va pas être possible, j'ai mes ongles. Et tandis que les hommes étaient bien obligés de débarrasser, décrasser, récurer, laver, nettoyer, elles papotaient, à moitié soûles. Seule sa mère n'avait pas besoin de prétexte pour que son époux soit le premier à se lever de table et, équipé d'une volumineuse éponge, décrasse, déterge, frotte, rince, sèche, range. Le père d'Emmanuelle venait d'un milieu où l'on consacrait une partie de son temps libre aux bonnes œuvres à la paroisse, et elle savait qu'il avait eu, avant de se marier, l'habitude de faire des retraites dans un monastère en Vendée, dans la région où il était né et où vivait toujours presque toute sa famille.

Les copines de sa mère s'émerveillaient devant ce mari qui, non content d'être un as de la vaisselle et, de manière générale, du nettoyage, était un cuisinier chevronné. Dans l'entourage d'Emmanuelle, elle était de celles qui mangeaient toujours bien. Sa mère ne rentrait pas pour déjeuner, même du temps où elle était prof, les filles n'avaient qu'à se débrouiller. Son père ne disait rien, mais n'en pensait pas moins. Le dimanche, il se mettait en cuisine tôt, préparant quelques plats que les filles pourraient réchauffer en rentrant de l'école. Elles râlaient, il fallait allumer le gaz et sortir les casseroles, tout le monde avait un micro-ondes sauf elles, leur père s'y était formellement opposé, et cette fermeté, si rare chez lui, avait eu gain de cause, du moins jusqu'à ces derniers temps. Les filles n'aimaient pas vexer leur père, et faisaient en sorte qu'à son retour, le soir, les Tupperware soient vides. Emmanuelle appréciait sa cuisine rustique, française, sauce vin rouge et oignons ou échalotes vin blanc, légumes anciens, féculents un peu trop cuits et viande débarrassée de sa graisse par les cuissons longues, à l'étouffée. Jamais elle ne retrouva ses plats à Paris ou ailleurs. Trois morceaux de gras flottant dans une soupe en poudre reconstituée pour cinquante balles ? Impossible. Quand elle revenait à Caen, son père préparait une blanquette et il faisait ça bien, chaque ingrédient saisi séparément, le roux à l'ancienne, au beurre et à la crème crus qu'il était passé chercher la veille à la ferme.

Agathe, c'était une autre histoire : elle était sujette à l'embonpoint et passait sa vie au régime. Leur mère, dévastée par le suicide d'une élève anorexique, la surveillait de près. C'était donc un accord tacite entre elles qu'Emmanuelle s'occupât de sa ration, soit en la mangeant – ce qu'elle faisait une fois sur deux, c'était vraiment trop bon –, soit en la mettant au rebut. Puis elle salissait deux couverts et les lavait, arrangeant de cette façon la scène du crime. Le soir à table, Agathe la repayait en prenant des nouvelles d'un Julien ou d'un Nicolas imaginaires.

Sa mère avait commencé à se faire les ongles quand elle avait démissionné de l'Éducation nationale et repris, avec une amie, une entreprise de nettoyage au bord de la faillite. L'amie en question s'était fait une spécialité du rachat d'entreprises familiales à bout de souffle ou en redressement judiciaire, victimes de déchirements patrimoniaux ou bradées par les héritiers à la mort du patriarche. C'était sa quatrième affaire, et elle n'était pas contre l'idée de prendre une associée. Cela faisait des années que Florence Borgia en avait ras le bol d'enseigner. Quand l'occasion se présenta, cette femme dure et prudente se dit que le moment était venu de secouer une existence sans perspective et sans saveur.

Cela s'était passé au printemps 2010, sept ans avant la victoire par KO de la France des entrepreneurs et quelques mois après la parution du *Quai de Ouistreham*. Emmanuelle était alors en dernière année à l'école de journalisme de Sciences Po. Le livre l'avait médusée. Elle n'était pas la seule à tomber raide dingue du journalisme d'investigation, dont Florence Aubenas deviendrait le porte-flambeau. C'était le truc de toute une génération. Elle se dit : pour écrire *ça*, je suis capable de vivre dans une tente sur le Champ-de-Mars et de manger des pâtes sans beurre, car ça, c'est pour moi.

Ça ? Les causes, bien sûr, celles qui parlaient à la jeune femme de vingt-cinq ans qu'elle était – la précarité, le labeur physique, les dortoirs décatis, les femmes au dos cassé et au destin joué d'avance. Elle aimait la manière dont Florence Aubenas s'y prenait, et elle aimait Aubenas – intrépide, inapte aux concessions. Et puis, dans *Le Quai*, il y avait Caen. Cette ville qu'elle avait fuie, dont elle ne parlait jamais à ses fréquentations parisiennes, cette ville oubliée des transformations urbaines avait retrouvé, dans l'imaginaire collectif, une petite place. Ses banlieues désindustrialisées rongées par la pauvreté, ses ports austères que jouxtaient de part et d'autre les plages du débarquement et les villégiatures cossues, le poids de l'histoire face à un présent triste et déliquescent : de cette connaissance, de cette réalité, elle n'était plus la seule dépositaire. Qui aurait pu alors prédire que dix ans plus tard, exaltée par Orelsan, Caen redeviendrait cool ?

Lors d'un week-end chez ses parents, Emmanuelle laissa traîner sur le fauteuil du salon l'exemplaire déjà rincé du *Quai*. Elle rangeait la vaisselle avec son père quand elle vit sa mère apparaître dans la cuisine, le visage illuminé : « Manu ! Tu lis Aubenas ? Tu sais que c'est en lisant ce livre que Catherine s'est mis en tête de reprendre une société de nettoyage ? – Tu l'as lu, toi ? – Oh tu sais, je n'ai pas le temps de lire. Et puis je n'y arrive plus. J'ai plus envie ! » Elle voulut poser l'ouvrage sur la table de cuisine, mais elle était encombrée de vaisselle sale, alors elle s'approcha de sa fille et le lui donna, sa main effleura celle d'Emmanuelle un bref instant, une peau douce et chaude, hydratée, choyée, que rehaussaient des ongles bombés, taillés en rectangle, d'un rose fuchsia.

Il n'y avait rien à dire, depuis qu'elle n'enseignait plus le français aux collégiens de Fernand-Lechanteur, sa mère n'était plus en proie à un état d'abattement rompu à intervalles réguliers par des colères subites. Cette métamorphose lui avait fait du bien, et elle avait fait du bien aux relations qu'elle entretenait avec son époux et sa cadette. À table, elle ne se lançait plus dans ses litanies à propos des destins joués trop tôt, des gamins abandonnés au bon vouloir du statut de leurs parents, d'un système public pourri par les ruptures d'autorité auxquelles n'avait succédé aucune doctrine pédagogique digne de ce nom.

Et comme sa mère ne parlait plus des zones de non-droit bâties autour de noyaux de brutalité, le père d'Emmanuelle ne se sentait plus obligé de lui faire remarquer qu'avant l'autorité, avant la guerre contre les signes religieux extérieurs, il fallait peut-être offrir à ces gamins autre chose qu'un corner de deal, un taudis dans un HLM, et, plus tard, une cellule occupée par quinze gars et infiltrée par un barbu, ou, à la rigueur, le karcher. Et la mère ne criait plus que le monde allait très mal et qu'il allait s'écrouler, mais que cela ne faisait pas de tous les jeunes des tueurs et des délinquants. Et le père ne disait plus, très doucement : écoute Florence, n'oublie pas que je suis flic, je sais de quoi je parle, tu peux les corriger à la ceinture, ils continueront les mêmes conneries parce qu'il n'y a pas d'alternative, les gosses qui gardent leur direction ont un foyer et de l'amour ou à la limite du blé, et ces repères, cela te fait garder le cap même quand tout le reste part à vau-l'eau, et c'est précisément ce qui manque à ces jeunes persuadés, pas tout à fait à tort, que quelqu'un leur fait la guerre.

Et Emmanuelle ne rongeait plus son frein, les dents serrées devant une scène qui l'aurait éblouie dans un film d'auteur au Reflet Médicis, mais qui était – et cela était physiquement douloureux, à peine supportable – la réalité, sa réalité.

Puis sa mère avait changé de vie. À présent, aux dîners, il était question de marges, de turnover, de TRI et de fonds de roulement, jusque la métamorphose suivante – la métamorphose politique.

En 2015, un ministre de l'Économie parla de secouer la France des talents et des énergies. Au printemps de l'année suivante, dès l'annonce de la création d'En marche, Florence se présenta à la section locale et proposa ses services. Catherine, son associée cent pour cent juppéiste, observait ses incursions en terre militante d'un œil goguenard. À l'époque, il n'y en avait pas beaucoup pour parier cinquante balles sur le succès du jeune homme ambitieux. Mais comme tant de pionniers du parti bientôt présidentiel, Florence Borgia y croyait comme un catholique croit en la résurrection.

Il fallait lever des fonds. Cela tombait bien, Florence savait y faire. Elle passait sa vie le téléphone vissé à l'oreille, s'épuisait au porte-à-porte, organisait des dîners, dictait l'ordre pour les chèques, récitait jusqu'à ne plus avoir de salive les avantages fiscaux des dons aux partis. Elle se fraya un chemin dans des lieux, familles, fiefs auxquels elle n'avait jamais eu accès. Il était alors plus facile d'obtenir l'investiture du mouvement pour les législatives que de passer le bac, mais Florence ne l'avait pas demandée, ou ne l'avait pas obtenue.

De bonnes années, les meilleures depuis et avant longtemps. Bien que loin d'elle, Agathe menait une vie de famille aisée et à peu près heureuse. Emmanuelle avait épousé une énarque issue de la grande bourgeoisie parisienne, et que Florence adorait. Les ongles, de rose, avaient viré bourgogne profond.

Puis sa fille aînée se fit amputer des deux seins, perdit son gras, ses cheveux, l'envie de vivre, et Florence Borgia ne toucha plus jamais ses ongles avec autre chose que ses dents.

20

Emmanuelle la chercha partout, dans la cour intérieure, sous le porche, dans la salle d'audience, elle n'était nulle part. Les yeux rivés sur la porte d'entrée, elle s'attendait à la voir pénétrer dans la salle d'une seconde à l'autre – confuse, essoufflée. Puis le président annonça que l'ordre du jour était modifié : on entendrait d'abord la famille de la première victime, Omar Khan, puis les témoins de moralité et seulement après la mère de l'accusé.

Lente procession de plaintes et de larmes – une éternité. Pendant près de trois heures et demie, des femmes inconsolables de tous âges se succédèrent à la barre ; chacune répétait la même chose. Omar Khan était un être merveilleux, malheureux et brisé ; sa disparition avait ravagé la famille et la blessure ne cicatriserait jamais ; Alexandre Bataille devait passer le reste de sa vie en prison.

Pendant les suspensions d'audience, Emmanuelle s'échappait de la salle pour prendre l'air. Peu à peu, elle ne songea plus qu'à une chose : allumer une cigarette. Elle avait arrêté en même temps que Diane, il y avait déjà quelques années et, jusqu'à son arrivée à Chambéry, elle n'y avait plus pensé. Mais elle n'osait pas s'approcher des fumeurs ; décidément, elle avait perdu la main.

Dorine ne retourna à l'audience qu'à cinq heures et demie. Elle n'avait pas eu le temps d'ôter sa veste que le président l'appelait à la barre.

Elle parlait d'une voix maîtrisée, placide ; elle ne cherchait pas ses mots. Emmanuelle entra rapidement dans une sorte de transe : Dorine paraissait emmurée dans un amour maternel absolu, et aveugle. Alexandre l'écoutait sans bouger, sans cligner, comme fasciné par le flux hypnotique. Les mains agrippées à ses genoux, Bertrand Bataille respirait bruyamment – un mot de trop, semblait-il, et il bondirait sur la femme qu'il avait un jour épousée, la mère de son enfant, pour la frapper, la faire taire.

Le président n'avait pas de questions ; on murmura que c'était une première depuis le début du procès. R2D2 l'interrogea sur l'addiction de son fils à des jeux vidéo et des films d'horreur ultra-violents. Comme le président, Paladia passa son tour.

« Madame Bataille, dit l'avocate générale en se levant, si je vous suis, votre fils est un enfant parfait. Extraverti, aimant, joueur, travailleur, excellent fils, le meilleur des frères. Ses scarifications, pour vous, ne semblent pas être des signaux extrêmement alarmants d'un déséquilibre et d'une souffrance, mais je vous cite, des « gravures sur la peau » que vous espériez apaiser en le faisant dormir dans votre lit. Vous récusez le témoignage de son amie d'enfance, selon lequel votre fils la frappait assez fort pendant les jeux et ne s'arrêtait pas quand elle le lui demandait. Si je résume, tout allait bien, et s'il y a faute, c'est la faute à son accident et à pas de chance. N'y a-t-il pas un seul moment où vous vous êtes dit : mon fils va mal, je dois l'aider, il est un danger pour lui-même, je dois l'emmener voir un spécialiste ?

– On l'a fait consulter quand il a commencé à se scarifier.

– Une seule fois ?

– Il ne voulait pas y retourner.

– Madame, il avait huit ans et il se coupait la peau au rasoir. Vous ne vous êtes pas dit que sa détresse justifiait une deuxième séance ?

– C'était un mauvais psychiatre. »

Sur le visage d'habitude impénétrable de Bérénice Bérézeau passa l'ombre de l'agacement.

« Je vais vous poser la question autrement. Vous avez un enfant de huit mois. Aujourd'hui, alors que vous savez ce que nous savons tous, laisseriez-vous Alexandre garder votre fils le temps, disons, d'une soirée au restaurant ? »

Dorine répondit du tac au tac :

« Je n'hésiterais pas une seconde. Je lui fais entièrement confiance. »

L'avocate générale attendit que la salle retrouve son calme.

« Dernière question. Votre fils a parlé de son crime à beaucoup de gens autour de lui, on y reviendra demain lorsqu'on examinera les faits. Vous en a-t-il parlé à vous, même de façon allusive ? Y a-t-il des choses qu'il vous a confiées, et qui prennent aujourd'hui un sens un peu différent ?

– Il ne m'en a jamais parlé, madame la procureure. On

ne se parlait plus trop les dernières années. J'avais rencontré quelqu'un. Je n'étais pas bien disponible pour lui. »

Bérénice Bérézeau la regarda quelques secondes, puis, décidant peut-être que le moment était venu d'abattre ses cartes, elle s'empara d'une feuille.

« Vous avez dit aux enquêteurs que vous étiez en partie responsable du nettoyage presque chirurgical de votre appartement le lendemain de la soirée durant laquelle votre fils a porté des coups à Saïd Missaoui. Vous soutenez notamment que vous avez vu des taches ressemblant à des gouttes de sang dans la salle de bains, et en particulier sur le lavabo. Je vous repose la question : qu'avez-vous fait devant ces gouttes de sang ?

– Je les ai épongées.

– À quoi pensiez-vous pendant que vous les épongiez ?

– Je me suis dit que mon fils avait encore fait une bêtise. Alors j'ai fait ce que font les mères, j'ai nettoyé. »

Les derniers mots, ceux de l'avocate générale et ceux de la mère, semblaient résonner encore quand Emmanuelle tourna la tête dans la direction où Lucrèce était assise. Elle sursauta presque quand elle croisa son regard. Lucrèce souriait, Emmanuelle lui sourit en retour, et soudain elle comprit que Lucrèce ne lui souriait pas à elle, du moins pas seulement, elle souriait à ce qui était en train de se jouer.

Emmanuelle pensa à toutes les fois où elle avait souri de ce même sourire triomphal, quand le procès se suspendait à un point de bascule, quand tout l'édifice construit dans le prétoire menaçait de s'écrouler ou, à l'inverse, dévoilait des possibilités d'achèvement. Elle l'avait perdu depuis un bon moment, ce sourire. Mais Lucrèce, elle, en goûtait les plaisirs fabuleux pour la première fois.

L'avocat de la défense se leva et avança vers Dorine.

« Madame Bataille, "bêtise", c'est quoi pour vous ? »

C'était la première fois qu'Emmanuelle le voyait intervenir. Il avait le timbre caverneux d'un fumeur endurci, et il laissait une pause entre chaque mot, comme un acteur cherche à insuffler la vie à une réplique apprise à la va-vite.

« Je parlais des fois où il se tailladait. »

L'avocat embrassa la salle d'un regard appuyé, puis retourna à sa place.

Devant le palais, Lucrèce avait déjà allumé une cigarette, pas l'électronique, une vraie.

« Vous ne m'en proposez pas une ?

– Ça ne se fait plus trop, de proposer de la drogue, si ?

Elle lui tendit une clope et son briquet.

« Un Cartier », observa Emmanuelle en faisant glisser son pouce sur la molette du briquet.

« Cadeau de mon père. Faut bien qu'il serve à quelque chose. »

La première bouffée lui avait fait l'effet d'une trace de coke. Elles fumaient, à présent, se scrutant en silence.

« Vous pensez qu'elle savait ?

– Je ne sais pas. Curieux, cette histoire de bêtise, bêtise au singulier, tout de même.

– Oui, le singulier est vraiment étrange. Mais mon avis, c'est qu'on n'en saura pas plus, à moins qu'elle craque, mais bon, le moment est passé.

– On devrait soumettre l'énigme au docteur Dayan.

– Il dirait qu'il y a un loup, Dayan. Il n'y a pas une nouvelle saison qui sort, d'ailleurs ?

– Demain.

– On lui demandera. »

Elles riaient franchement, et la fumée qu'elles expiraient en toussant les enveloppait.

« Paladia aurait pu la faire parler, reprit Emmanuelle, mais pour une raison qui m'échappe, il a choisi de ne pas le faire. »

À quelques mètres d'elles, François, qui filait au pas de course en direction du parking, cria :

« À demain, les filles ! »

Emmanuelle dit alors :

« Il se dépêche pour écrire son papier, cet homme est une machine à chroniques.

– Et toi ? »

Elle frissonna. Ce tutoiement l'avait froissée, elle ne savait pas pourquoi, elles avaient le même âge après tout. Peut-être fréquentaient-elles les mêmes personnes. Elles auraient pu se croiser à Paris.

« Je ne sais pas.

– Comment ça, tu ne sais pas si tu vas l'écrire ? Les gens attendent, on attend ! Comment je vais faire, sinon ? »

Mais elle flagorne, songea Emmanuelle, également agacée et flattée.

« Je ne sais pas si j'ai assez de matière avec ce que j'ai entendu jusqu'à maintenant. Il est très possible que je ne fasse qu'une seule chronique, à la toute fin. Je dois réfléchir. »

Et pour elle-même, elle ajouta qu'elle ne saurait l'écrire

tant qu'elle ne trouverait pas le code qui déverrouillait le coffre.

« M'est avis qu'un verre pourrait t'aider à réfléchir mieux. »

Emmanuelle ne put s'empêcher de sourire.

« Vendu. On va au bar de mon hôtel. »

21

C'était un soir de rêve. Dans le crépuscule rose pâle, la montagne s'allongeait en origami sombre sur papier de soie d'une clarté extraordinaire. Les ruelles pavées du vieux centre débordaient de flâneurs abrutis de joie : l'hiver avait été rude et il était sur le point de s'achever.

Un jeune homme prévenant les débarrassa de leurs vestes et les mena à une table nichée au fond de la cour intérieure, perdue dans une riche végétation. Emmanuelle porta sa main à son ventre pris subitement de spasmes – cette faim impérieuse était devenue, depuis quelques semaines, son lot quotidien.

« On commande quelque chose à manger ? demanda-t-elle.

– Je meurs de faim », répondit Lucrèce.

Cela prenait des allures de dîner. Un dîner précoce et léger, un encas, rien qui porte à conséquence. Elles se penchèrent chacune sur la carte, et Emmanuelle eut pour la première fois le loisir d'examiner Lucrèce de face. Elle avait les traits forts et fins, sa peau mate était rehaussée de jaune aux pommettes et aux paupières. Elle ne semblait porter aucun maquillage, ou alors un maquillage invisible, aussi discret que les reflets terre-de-Sienne de son épaisse chevelure noire. Seule sa bouche large et charnue était peinte du même rouge cramoisi que ses ongles courts. Le solitaire monté sur un mince anneau d'or blanc et, sur l'autre main, la « Love » de Cartier glissaient sur ses doigts noueux.

« Une planche de charcut'-fromage pour commencer ? Et un verre de chenin pour moi. Tu manges de la viande ? » demanda Lucrèce.

Emmanuelle lâcha un rire : tout ce qui lui était interdit.

« Ici, on boit des vins de Savoie. Prends de l'arbois. »

Elle se retint de lui proposer la bouteille.

« Tu connais ici ? demanda Emmanuelle en embrassant la cour d'un geste ample.

– On m'en a parlé. Il paraît que c'est *the place to be.* »

Le sourire en coin, l'accent exagérément franchouillard, le ton narquois : c'est en feignant de les admirer que les Parisiens dézinguent les joyaux de la province.

« Moi, je les trouve chanceux d'échapper aux boutiques-hôtels à chaque coin de rue, peuplées d'influenceuses Instagram. La rareté fait la valeur. »

Lucrèce leva un regard sur elle, visiblement froissée.

« Tu m'as mal comprise.

– Sans doute parce que tu n'as pas dit grand-chose. »

Dans l'écrin sombre et rouge des cheveux de Lucrèce, ses yeux noisette lui parurent très clairs, presque bistre.

« Et le Splendide-Hôtel fut bâti dans le chaos de glaces et de nuit du pôle. Voilà ce que j'en pense.

– Ce n'est pas ce que tu penses, c'est un vers des *Illuminations*.

– Qui dit mieux que Rimbaud ?

– Je ne sais pas, moi, la personne qui se trouve dans l'hôtel en question ? »

La brune eut un geste vague qui disait passons.

« Bon, et que fait donc Lucrèce à Chambéry ?

– Un peu comme toi.

– Les gens comme moi, je les connais tous.

– Je ne suis pas journaliste. J'ai un travail tout ce qu'il y a de plus normal. Enfin, j'avais. J'ai démissionné en décembre dernier, pour prendre du temps pour moi. Et puis, je suis tombée sur cette affaire.

– Tu étais au chômage et tu as décidé d'écrire un livre. »

La remarque fit rire Lucrèce, puis elle reprit, d'un ton soudain vif :

« Un ami m'a envoyé un article du *Dauphiné libéré*. Il y avait cette phrase dans l'article : "L'auteur présumé du meurtre du parc du Verney, longtemps demeuré non élucidé, avoue avoir frappé de coups de couteau Omar Khan, un ancien militant pour les droits des gays devenu sans domicile fixe, car il voulait voir ce que cela faisait de tuer quelqu'un." Il m'a écrit, "tiens, ça va te plaire, on dirait *Crime et Châtiment*". Je ne crois pas aux analogies de comptoir, mais là, la photo de cet Alexandre, son regard, qu'il en ait parlé à tout le monde et que personne ne l'ait cru, l'absurdité de ce crime pour un jeune homme qui a la vie devant lui… *Il voulait voir ce que cela faisait de tuer quelqu'un*. Il y a vraiment quelque chose de dostoïevskien là-dedans. Je ne pouvais plus penser à autre chose. Je me suis dit, autant creuser. De toute façon, je n'avais rien d'autre à faire.

– Et donc tu t'es dit, pourquoi pas une version vingt-et-unième siècle de *Crime et Châtiment*. »

La brune partit d'un éclat de rire tonitruant, totalement dépourvu de retenue. Elle riait la tête renversée en arrière, et toute la bonne société chambérienne venue pour l'apéro avait les yeux rivés sur elle.

« Cent cinquante pages pour amener un meurtre, mille autres de monologues pour admettre que le bagne est intérieur et l'expiation, morale ? C'est impubliable. »

Emmanuelle attendit que Lucrèce cesse de faire diversion.

« Bien sûr que c'est tentant, reprit celle-ci, les parallèles ne manquent pas. Le bourreau, cet étudiant paumé condamné à l'échec et à une vie de misère. La victime – isolée, odieuse, laide, candidate idéale à la déshumanisation. Il y a tout ! Même le rire. Quand Raskolnikov achève la vieille, il est saisi d'un fou rire, tu te souviens ? Lorsqu'il abandonne le corps inerte d'Omar Khan près de la cabane de jardinier, Alexandre est pris du même fou rire incontrôlable. Et puis l'amour maternel, bien sûr, ce sont tout de même des hommes qui ont été gâtés par un amour aveugle, dévoué, dépourvu de critique et de conflit.

– L'amour maternel ? »

Emmanuelle eut l'impression que son corps se scindait en deux : une partie savait pourquoi cette remarque anodine l'avait percutée avec une telle violence, l'autre ne le savait pas. Elle but une longue gorgée. Ce fut d'abord comme une lacération glacée, puis dans le puits ouvert par la brûlure, une bile jaillit depuis l'épicentre de l'abdomen. Sous la violence de l'alcool, les deux parties s'étaient ressoudées.

« La mère de Raskolnikov l'aimait beaucoup ?

– Beaucoup trop, tu veux dire ! Un amour sacrificiel,

l'amour de la mère de Gary. Elle lui filait ses derniers kopecks. Acceptait que sa fille fasse un mariage de convenance avec une espèce de connard pour sauver son frère de la misère. Toutes les femmes, en fait, sa mère, sa sœur, toute leur vie est pour lui, et son salut qui vient de Sonia...

– Et elle est venue à son procès ?

– Tu sais bien, il n'y a pas de procès dans le livre.

– Non, je ne sais pas. Je ne l'ai pas lu. »

Amusée, Emmanuelle observait la modification qu'avait imprimée son aveu d'ignorance sur le visage de la brune. Elle l'aurait mise en joue avec un flingue sorti de sa poche, son ahurissement n'aurait pas été plus vif.

On leur avait apporté la planche. Emmanuelle se fabriqua un sandwich à base de viande des grisons et de tomme, mordit dans le pain encore chaud. Elle ferma les yeux, gémit de plaisir.

Lucrèce buvait son arbois à petites gorgées qu'elle agrémentait de menues bouchées de cantal d'été. À la racine du nez, une ride verticale séparait son front en deux. Quand elle se mit à parler, sa voix sonna sourdement, comme étouffée par une montée de larmes :

« Je ne sais pas pourquoi je suis là, et ce que je vais en faire. Peut-être que c'est pour voir. Un spectacle malsain pour satisfaire une pulsion secrète. Ou pour m'assurer qu'il y a pire ailleurs. Que ma vie n'est pas de celles-là. Que les rares fois où j'ai souhaité que mes enfants ne soient jamais nés, j'ai sagement reposé le nouveau-né dans son couffin et suis sortie de sa chambre. Peut-être que je conjure la mort de mes enfants en me disant qu'ils ne mourront pas de ma main. Ou que je me prépare à l'éventuel malheur de leur disparition, par accident ou maladie.

Éprouver par procuration l'éventail des tortures que vivent les parents des enfants violés, assassinés, abandonnés…

– Ou qui deviennent les bourreaux, acheva Emmanuelle à sa place. On est tous là pour les mêmes raisons. »

Elle se prépara un autre sandwich, méditant le nombre d'enfants de la brune, l'existence d'un père.

« On dit que les assises évoquent le Jugement dernier, le triomphe de la justice humaine sur celle de Dieu. Tu en penses quoi, on ment ou on dit vrai ?

– Moi, répondit Emmanuelle, j'aime bien me mettre à la place de l'accusé. J'imagine que là-bas, dans le box, ce n'est pas lui, mais moi. Que les gens qui défilent à la barre sont mes proches, ma famille, mes amis. Qu'un mec qui m'a vue une heure alors que j'étais bourrée d'antipsychotiques, d'antidépresseurs, d'anxiolytiques et de que sais-je encore, établit en quelques mots le portrait définitif de mon âme. Que mes amis, ma meuf, mes ex, ma mère, mon père, ma sœur et son mari défilent pour dire que j'étais une enfant géniale, douce et paisible, ou qu'au contraire ils avaient toujours vu en moi cette face sombre que la cour doit aujourd'hui juger. Qu'on demande à Ida : alors, elle est comment ta tante ? Dis-le-nous avec tes mots, Ida. As-tu déjà ressenti en sa présence un danger, même diffus ? Ah, elle te prenait souvent dans ses bras ? Vous aviez l'habitude de vous embrasser dans le cou ? Et tu crois que c'est normal, ça ? Réfléchis bien, Ida, c'est important que tu t'en souviennes, pour la société, pour les victimes. Tu n'as que onze ans, mais fais un effort.

– Quand je lis le détail d'un meurtre, je me demande souvent si j'aurais pu le commettre. Tu vois, moi, Lucrèce

Chartron, avec ma personnalité paranoïaque à tendance mégalomaniaque et mon angoisse de l'abandon, je suis une assez bonne cliente pour un matricide… »

Chartron, était-ce le nom de son mari ?

« Et moi, Emmanuelle Borgia, je crois que je pourrais tuer mon fils. »

Elle attendit une seconde, puis ajouta :

« Dommage que je n'aie pas de fils. »

Leurs verres étaient vides, il ne restait plus rien sur la planche, plus de pain dans le panier tressé. Emmanuelle avait tout dévoré.

Quelqu'un avait touché son épaule et prononcé son nom. Elle n'avait pas vu l'homme s'approcher d'elles, et maintenant il se tenait près de leur table, un large sourire collé à ses joues rondes, son tronc boudiné dans une veste de costume bleu marine enfilée sur un sweat à capuche gris. Emmanuelle l'avait déjà vu, mais où ?

« Emmanuelle, quel plaisir de vous revoir dans nos contrées ! Diane vous a laissée partir de Paris la veille du grand jour ? »

Ces modulations suaves : bien sûr, c'était Franck. Elle se retint de répondre qu'elle n'avait pas besoin de l'autorisation de sa femme pour faire son travail.

« Bonsoir, Franck. Elle va aussi bien qu'on peut aller la veille d'élections nationales. Et vous, cette précampagne ? Comment ça se passe ? »

Mieux valait ne pas se le mettre à dos. C'était le genre à raconter à qui voudrait bien l'entendre qu'il avait surpris l'épouse de Diane de Rocquigny en galante compagnie.

« Je ne vous apprendrai rien si je vous dis que ce n'est pas si simple d'obtenir une circo. Les vieux éléphants ne veulent pas lâcher l'affaire ! Ils ne comprennent pas que leurs partis sont morts ! »

En dépit de son air enjoué, il lui parut plus fébrile encore qu'un an plus tôt, quand ils avaient déjeuné à La Base, au rez-de-chaussée du Centre Malraux, juste derrière le Carré Curial. Emmanuelle avait voulu emmener Diane dans ce lieu qui lui était cher ; pendant les jours d'assises, c'était là qu'elle commençait ses chroniques en dînant sur le pouce d'une assiette du marché et d'un ou deux verres de vin. Elles étaient tombées sur Franck à l'entrée du restau, et son accueil avait été si effusif, son insistance à payer sa tournée si vive, qu'Emmanuelle l'avait soupçonné de les avoir suivies depuis l'hôtel. Diane l'avait laissé faire, et, après son départ, Emmanuelle le lui avait reproché : ce n'était pas toutes les semaines qu'elles avaient deux jours en tête à tête dans un hôtel de luxe, alors ce n'était pas nécessaire de gâcher un déjeuner à subir les flagorneries d'un élu municipal prêt à toutes les bassesses pour un ticket avec le parti présidentiel.

Et tandis qu'Emmanuelle songeait avec amertume à sa naïveté – la hiérarchie qui la plaçait derrière le travail de Diane remontait à plus loin que ce déjeuner –, l'aspirant député assoiffé de circo plaça un fauteuil entre les deux femmes, prêt à s'attabler avec elles.

Il n'eut pas le temps de s'asseoir, Emmanuelle le devança ; se levant avec une hâte maîtrisée, elle commença à prendre congé – il se faisait tard, et puis la chronique à écrire…

L'aspirant député parut déçu.

« Vous partez déjà ? On n'a même pas eu le temps de papoter ! Comment va Diane ? Prête pour la victoire ?

– Pour la déroute, vous voulez dire, comme toute femme politique qui se respecte.

– Elle doit passer pas mal de temps dans sa circo ! Vous arrivez à vous voir, quand même ?

– Diane n'est pas encore investie, Franck. Pas plus que vous. C'est une circo compliquée, ils sont plusieurs dessus, le parti présidentiel n'a pas le vent en poupe. Et à Paris, on ne peut pas vraiment se passer d'elle.

– Tu m'étonnes ! Directrice de cabinet place Beauvau, il y a plus dispensable comme fonction !

– Pardonnez-moi, je dois vraiment partir.

– J'arrête, j'arrête. C'est vrai que je pourrais parler de tout ça pendant des heures, c'est tellement toute ma vie… Vous me raconterez demain, n'est-ce pas, vous serez au procès j'imagine, j'y serai aussi, je suis chargé d'accueillir Pierre-Henri, il vient spécialement de Paris pour témoigner. Passez le bonjour à Diane de ma part, je vous en prie, elle a mon numéro, hein, d'ailleurs je vais lui écrire, aucun soutien n'est de trop dans ces temps troublés, ces temps de guerre… »

Il avait fini par les laisser tranquilles. Lucrèce n'avait pas bougé de son fauteuil ; les jambes croisées, les doigts tapotant sur le pied de son verre, elle avait l'air amusé. Emmanuelle était toujours debout, incapable de partir, incapable de se rasseoir.

« Et où ta femme se présente-t-elle ? »

La réplique lancée d'un ton narquois acheva de la décider. Sa main brandie en l'air, Emmanuelle claqua des doigts, un serveur se retourna et vint à elles. Se maudissant pour ce geste qui n'était pas le sien, qui ne lui allait pas, elle demanda de mettre la note sur sa chambre et souhaita à la brune une bonne soirée.

Dans l'ascenseur, les vieilles pierres défilaient si près des flancs de verre qu'Emmanuelle fut prise de vertige. Et le sentiment éveillé par le vide entrevu en dessous d'elle convoqua le souvenir d'un autre vertige, celui de ses années de jeunesse, quand, fraîchement débarquée à Paris, elle rattrapait des années de disette sexuelle avec l'intensité précédant un saut dans le vide.

Elle ne tombait alors que pour des hétéros, ne couchait qu'avec des hétéros. Elle les avait toutes faites, mariées, pas mariées ; avec des gosses, sans gosses ; tristes, épanouies.

Elle n'en avait jamais rien attendu, et elle ne s'était jamais laissée aller à des sympathies trop appuyées, des sentiments ou – pire – des espoirs.

Dans sa chambre, elle pissa un bon coup. Sa culotte était trempée de ce qu'elle identifia comme des pertes blanches, mais qui pouvait être une légère fuite urinaire. Pendant qu'elle demeurait sur la cuvette avec cette impression de n'être pas tout à fait vidée, elle écrivit un sms à Constance. « Je n'ai pas pu échanger mon billet. » Son téléphone sonna aussitôt, elle répondit par un sms, « Je ne peux pas te parler. » « Tu changes d'avis ? », écrivit Constance, Emmanuelle répondit : « Non, mais je préfère que ce soit la semaine prochaine si les délais le permettent, car je voudrais d'abord en parler à Diane. » La sentence ne se fit pas attendre : « Ce n'est pas le genre de décision qu'on abandonne au hasard du calendrier. Je retiens un créneau mardi. Après mercredi, ma chérie, je ne pourrai plus rien faire pour toi. »

À force de pousser, la vessie finirait-elle par traverser son vagin ? Au moins, ça l'occupait, comme l'occupaient les tentatives de retrouver le bon mot de passe dans l'application Facebook de son téléphone. Id@07$2O10 fonctionna, et elle fut traversée d'une joie simple, de celles qui succèdent à la reconstitution d'un puzzle de cent pièces.

Dorine Bataille née Costa n'avait pas accepté sa demande d'amitié. Elle tapa sur la barre de recherche un L, un U, puis, alors que le devin omniscient lui suggérait une Lucrèce Chartron avec laquelle elle partageait cinquante-sept amis, elle jeta le téléphone sur le carrelage dans un élan de fureur. L'écran clignota quelques secondes, puis s'éteignit tout à fait. Elle se pencha, le ramassa, s'assit. L'écran était intact, mais le téléphone ne s'allumait plus.

Putain, putain, putain.

Son urètre continuait d'excréter un peu de liquide transparent, une goutte après l'autre, sans que cela lui apporte le moindre soulagement. Le demi-verre d'arbois avait produit tous ses effets, et l'euphorie légère, sans conséquence, avait laissé place à l'abattement. Elle remonta sa culotte sans s'essuyer et se traîna jusqu'au lit. Ferma les yeux.

Des bribes de la journée lui revenaient, réelles et fictives, Alexandre et Raskolnikov, la mère de l'un et la mère de l'autre, Lucrèce et Franck, l'enfant né et l'enfant mort, les sœurs, les mères, les enfants, les lignées maudites, la cruauté et l'inconditionnel amour si incertain, si flou…

Elle avait les yeux grands ouverts, le regard fixé sur le plafond où se peignaient d'imprévisibles mouvements de claires arabesques. La conscience lui était revenue le temps que la dernière pensée s'imprime avec netteté :

Il y avait un loup. Et le loup, c'était la mère.

JEUDI SEPT

22

Un verre, un seul, et une gueule de bois épouvantable, avec en prime une totale déshydratation-angoisse-réveils violents toutes les deux heures. Comme si quelqu'un lui faisait payer, mais qui ? Cela faisait vingt ans qu'Emmanuelle avait renoncé à croire qu'il y eût, là-haut, quelque chose ou quelqu'un. La culpabilité lancinante émanait du centre de son corps, là où, à l'intérieur, une présence dense, liquide, asphyxiante se confondait avec une boule d'anxiété diffuse, ce cerbère intérieur contre lequel elle n'avait pas, ce matin-là, la force de lutter. Pas plus que le cerbère, *l'autre* n'avait de volonté propre, de jugement, d'existence autre que celle qu'Emmanuelle voulait bien lui reconnaître ; existence ou pas, *l'autre* n'avait pas – pas encore – voix au chapitre.

À la cafétéria du deuxième, le distributeur était pris d'assaut par la famille d'Omar Khan. En la voyant arriver, elle, l'étrangère, toute cette petite foule s'écarta avec empressement, allez-y madame, servez-vous, nous en avons pour un petit moment. Tandis qu'elle se préparait un double expresso, la conversation se renoua aussi vite qu'elle s'était interrompue. Emmanuelle y prêta d'abord une oreille distraite, puis certains mots et une intonation particulière éveillèrent sa curiosité. Les femmes débattaient de la prestation de la mère de *l'autre* – c'est par ce mot qu'elles désignaient l'accusé, elles disaient, elle est aveugle, elle ne voit rien, tu parles qu'elle n'a rien vu, ton fils, il se coupe la peau, tu fais quoi, tu fais comme si de rien n'était, mais c'est une mère en même temps, ça l'arrange de pas voir, pas vu pas pris, tu crois que la nôtre elle ne savait pas qu'Omar n'était pas comme les autres, elle pouvait faire l'étonnée mais nous on sait, mais tu as entendu la procureure là, c'était n'importe quoi, décidément rien de plus dur avec une femme qu'une autre femme, non rien n'est plus dur qu'une autre mère avec une mère.

Puis elles jetèrent les gobelets vides et s'éloignèrent dans un tumulte presque joyeux. Dans la cafèt' dépeuplée, Emmanuelle se hissa sur une chaise de bar. Elle but son double expresso tout en épiant par la fenêtre le lugubre ballet des assises. Elle vit les femmes se couler sous le porche, rien qu'à leurs nuques elle pouvait conclure à une nette modification d'attitude. Dans quelques instants, elles pénétreraient dans la salle d'audience et les mots *payer* et *perpète* chasseraient les vestiges de compassion.

Emmanuelle sortit son téléphone et, peut-être pour la trentième fois depuis qu'elle avait ouvert les yeux ce matin-là, elle tenta de le rallumer. L'écran restait noir, vaine épave d'une effrayante inertie. Coupée du monde, sa vie lui paraissait comme détachée d'elle, et l'existence de Paris, absurde, impossible. Elle le rangea dans la poche intérieure de son imper – il pleuviotait ce jour-là et les températures avaient chuté –, où sa main effleura l'invitation. Elle était toujours dans sa poche, légèrement froissée.

C'était le jeune homme de l'accueil qui lui avait remis l'enveloppe, avec les croissants et la décoction de gingembre. Sur la petite enveloppe était inscrit, au Bic bleu, son prénom. À l'intérieur, une feuille arrachée d'un cahier d'écolier, pliée en quatre. D'une belle écriture ronde, on la conviait au Joyce Irish Pub à dix-huit heures pour un apéro entre copains. L'invitation était signée Karine, entre parenthèses, la serveuse du Savoyard.

Karine. Emmanuelle n'avait pas connu de Karine depuis ses seize ans, quand les possibles s'émancipaient des frontières de Caen et venaient se disperser à Ouistreham, dont la vaste plage déroulait son ruban ocre sous l'épaisse nappe d'air froid, avec ses odeurs de scooter, la texture moite des pelles dérobées et un arrière-goût de dépit.

23

La doudoune de Lucrèce, l'imperméable bleu nuit de l'aspirant député, la robe noire de R2D2 et deux silhouettes vêtues de gris et de noir se détachaient sur le parvis qu'une ondée faisait miroiter d'argent et d'ivoire comme un petit tas de perles sombres.

Tandis qu'elle avançait vers ce conciliabule, Emmanuelle tendit le dos, allongea la nuque, haussa le regard.

Franck s'exclama :

« Emmanuelle, vous arrivez à point nommé ! Pierre-Henri va témoigner dans quelques minutes. »

Le plus âgé et le plus petit des deux hommes lui sourit.

« Emmanuelle Borgia », se présenta-t-elle en lui serrant la main.

Franck feignit l'étonnement :

« Ne me dites pas que vous ne vous connaissez pas !

– Oh, on s'est sûrement déjà croisés, répondit Pierre-Henri en jetant un regard inquiet à l'homme à moustache qui l'accompagnait, mais j'ai une si vilaine mémoire !

– Alors je suis honoré de faire les présentations ! renchérit l'aspirant député, Emmanuelle est l'épouse de ton amie Diane.

– Diane de Rocquigny ?

– Who else ! »

Entre les plis effondrés de son visage de yogi, de brunes paupière s'ouvrirent sur des petits yeux extraordinairement vifs :

« Ma chère Emmanuelle, vous n'imaginez pas l'affection que j'ai pour Diane. Nous travaillons ensemble... depuis si longtemps que j'ai perdu le compte des années ! Le mariage pour tous, c'est à elle qu'on le doit ! N'est-ce pas, Lucien, tu te souviens comme elle se battait ? »

Son compagnon hocha la tête en signe d'approbation :

« Et même récemment la PMA... »

Pierre-Henri ne le laissa pas achever sa phrase :

« Si elle n'avait pas été à l'Intérieur, la PMA ne serait jamais passée. »

C'est dingue, songea Emmanuelle, toutes ces amitiés de combat dont Diane ne lui avait jamais parlé, et dont elle n'aurait pas eu connaissance sans l'intervention d'un élu municipal obséquieux.

Son regard croisa celui de Lucrèce : lourd et cerné, il jurait avec le sourire rutilant qui ornait ses lèvres.

« Toi qui raffoles des chroniques judiciaires, s'adressa celle-ci à Pierre-Henri, tu as forcément lu les articles d'Emmanuelle. C'est elle qui avait couvert les procès Lelandais ici et à Grenoble, ses articles avaient beaucoup tourné.

– Bien sûr que je m'en souviens, je les avais dévorés ! » s'écria-t-il en se tournant vers R2D2.

Celui-ci pressa le coude du grand moustachu, qui murmura à son tour quelques mots à l'oreille de Pierre-Henri, après quoi les quatre hommes s'acheminèrent vers le palais.

Dans un mouvement presque rituel, les femmes les suivirent à quelques mètres.

« Moi aussi, les gens me parlent de mon mari quand je les rencontre pour la première fois. Un peu moins, heureusement, depuis que Xavier Bertrand s'est viandé à la primaire de la droite », dit Lucrèce.

Une fois de plus, Emmanuelle ne sut pas décider, parmi les questions qui se bousculaient dans sa tête, laquelle poser en premier.

« Ce Pierre-Henri, que vient-il faire à Chambéry ?

– Témoigner.

– Il connaissait l'accusé ?

– Non, la victime. Omar Khan. Ils s'étaient fréquentés du temps où les gays étaient des parias et qu'on les laissait crever comme des mouches, parce que le sida était censé être un châtiment envoyé sur eux par le Très-Haut.

– Tu es bien informée pour quelqu'un qui débarque aux assises.

– L'ami qui m'a parlé du procès, c'est Pierre-Henri. Tiens, avant que j'oublie, j'ai fait un détour par la librairie Garin. »

Lucrèce sortit de son sac deux épais volumes.

« *Crime et Châtiment*, lut Emmanuelle.

– Dans la traduction d'André Markowicz. La seule qui vaille. »

Elles étaient arrêtées devant le portail, sur le point de pénétrer dans le palais, ou de renoncer à y pénétrer. Lucrèce agrippait les volumes des deux mains, ne les lâchant pas des yeux. Elle finit par les remettre à Emmanuelle comme on confie quelque chose de fragile, de précieux. Dans l'air moite et froid, des frisottis ceignaient sa noire crinière d'écume rouille.

« Merci », répondit Emmanuelle.

Elle rangea les livres dans sa sacoche et franchit le seuil de la porte cochère.

Plus tard, quand elles passèrent le portique, le visage de la brune lui parut en proie à une tristesse inconsolable, un désespoir au seuil de la rupture.

Emmanuelle détourna le regard.

24

Le président accepta que Pierre-Henri lise le texte qu'il avait écrit pour l'audience :

« Mesdames, messieurs, vous avez dû entendre maintes fois qu'Omar était de ces originaux dont on se moque un peu, mais qu'on aide et, qu'au fond, on aime. C'est ce qu'on dit à propos des gens comme lui. Un marginal. Soixante-trois ans, séropositif, sous méthadone dont il tentait de faire le trafic, trouble bipolaire, délires psychotiques, je connais bien ces gars qui avalent plus de trente pilules par jour, du légal et de l'illégal. On avait de ses nouvelles de manière très parcellaire. La dernière fois, c'était quatre mois avant sa mort, il venait de se faire expulser du logement qu'il occupait, et il résidait ces derniers temps en foyer. On pouvait l'aider, mais il ne voulait pas. Il s'était habitué à cette vie de paria, il ne voulait pas d'une aide qui ne venait pas de sa famille. Et sa famille ne l'aidait pas.

Je me souviens du jour où Omar a appris qu'il était séropositif. Ce jour-là, j'ai découvert que je l'étais aussi. La suite n'était pas marrante, mais on était vivants, alors que tant d'autres étaient morts. Dans des conditions que vous auriez du mal à imaginer aujourd'hui. On se fréquentait un peu dans les années quatre-vingt, surtout dans le milieu associatif où il était impliqué, sporadiquement mais passionnément. Notre génération était arrivée à Paris parce qu'on n'avait pas le choix, du moins si l'on voulait vivre comme on l'entendait. Paris, c'était tout, c'était la liberté, pas comme dans nos trous paumés où tout se savait et tout se blâmait. Omar consommait déjà, amphètes, cocaïne, un peu d'héro, comme tout le monde dans la mode à l'époque. Il était là au début d'Act Up, mais il n'est pas resté. Il ne s'entendait pas du tout avec l'équipe, surtout avec Lestrade. Ils étaient tous les deux explosifs, ça ne fonctionnait pas. Il est retourné à Chambéry en 2004 ou 2005. Il pensait que la rupture avec la vie parisienne et le rapprochement avec sa famille allaient mettre un terme à l'enfer de la dépendance, aux substances, au sexe.

Après tant d'années à errer, il pensait retrouver la chaleur et l'amour des siens. Ses parents étaient âgés et malades, mais ils ne voulaient toujours pas de lui chez eux. Ses sœurs ont bien essayé de les faire changer d'avis, mais c'était peine perdue. Moi, j'ai eu de la chance, ma mère m'a toujours aimé, je pouvais bien aimer les hommes, qu'est-ce que cela pouvait lui faire, puisque c'est moi qu'elle aimait... »

Sa voix se brisa, il s'éclaircit la gorge, porta à ses yeux un mouchoir.

« Je vous demande pardon, j'ai enterré ma mère en octobre dernier, et voilà, elle avait quatre-vingt-douze ans, elle est morte chez elle, entourée de ceux qu'elle aimait, mais même dans ces conditions, on ne s'en remet pas. Je reviens à Omar. Ses sœurs l'aidaient dans la mesure de leurs moyens, mais des moyens, elles n'en avaient pas beaucoup. À peine de quoi vivoter. Omar nous le racontait lors de ses passages à Paris, avec beaucoup de sincérité. Il venait deux ou trois fois par an, peut-être. De temps en temps, il logeait chez nous, avec mon mari et moi, quatre ou cinq fois depuis qu'il avait quitté la capitale. C'était toujours très dur pour nous, mais on l'accueillait volontiers. Il nous parlait beaucoup de ses parents, alors qu'il ne les avait pas revus depuis des années. À chaque fois, il rapportait ces paroles de son père que j'ai décidé de répéter devant la cour, je crois que c'est important, même s'il faut les prendre avec toute la distance qui s'impose : "Je préférerais encore qu'il soit mort." »

Après qu'il eut prononcé ces mots, l'une des femmes vêtues de noir se leva et quitta la salle en pleurant. Despine-Découz n'essaya pas de la retenir. L'avocat ne paraissait du reste nullement embarrassé par la direction qu'avait prise le récit de son témoin, pas plus qu'il ne prêtait attention aux remous secouant le public. Alexandre, au contraire, avait suivi la sœur d'Omar Khan d'un regard presque vif, un intérêt qu'Emmanuelle lui voyait pour la première fois depuis le début du procès.

« Je ne pouvais pas le taire, reprit Pierre-Henri, encouragé par le président. Après ce rejet, son état s'était encore dégradé. Tout son argent passait en substances. Pour se les payer, il était devenu travailleur du sexe. Comme il cumulait les fragilités, il attirait une clientèle particulière, très violente. C'est comme ça qu'il s'était initié au chemsex. C'était vraiment la cerise sur le gâteau. C'est pour cela, je crois, qu'il venait à Paris les dernières années. Vous savez, je suis très impliqué dans la lutte contre le chemsex, oui, pardon monsieur le président, je vais expliquer, le chemsex ce sont des orgies sexuelles accomplies sous l'effet de produits très forts et très addictifs, eh bien, le chemsex fait réellement des ravages dans le milieu gay. Et hétérosexuel aussi, c'est d'ailleurs pour ça que les pouvoirs publics commencent enfin à s'en inquiéter. Avec le chemsex, même un homme jeune, en excellente santé, sportif, bien nourri et aisé devient vite une loque. Alors pour un polytoxicomane séropositif et atteint des maux les plus divers…, je vous laisse imaginer. Il le prenait en slam, en intraveineuse, il n'y a rien de pire. Voilà, je crois que je vous ai tout dit. »

Le président laissa s'écouler un long moment de silence avant de poser son unique question :

« Alexandre Bataille a parlé d'Omar Khan comme d'un déchet de la société dont la mort ne serait ni remarquée ni regrettée. À vous entendre, on peut penser que, d'une certaine façon, votre témoignage corrobore ce jugement. Entendez-vous qu'à la fin de sa vie Omar Khan était devenu un sous-homme ?

– Non, bien sûr, ce n'est pas ce que j'ai voulu dire, s'insurgea Pierre-Henri. Omar était un homme fragile. Monsieur… l'accusé s'est attaqué à quelqu'un qui ne pouvait pas lui opposer la moindre résistance. Pour ses amis, il était un peu comme un enfant. Mais, entre nous, arrêtons de nous mentir, la moitié de Chambéry pense comme lui. La moitié de la France. Que c'était un déchet, un sous-homme, une pédale, un gigolo et qu'il ne serait pas mal que la mort abrège ses souffrances. Ses parents le pensaient, son père le pensait et le disait. C'est ça, le sort des gays de ma génération. Quand on voulait vivre comme on l'entendait, on en payait le prix. Nous faisons tout avec nos associations pour que plus jamais personne ne connaisse un pareil sort. Hélas, c'est encore trop souvent le cas, surtout quand vous naissez dans la mauvaise famille et au mauvais endroit.

– Donc, selon vous, c'est d'abord une affaire d'origine sociale, de religion ?

– Je ne veux surtout pas m'aventurer dans ces contrées. On a tous lu *Retour à Reims*, je ne connais pas de religion qui ne soit pas violemment hétéronormative. Quand, de surcroît, vous vivez dans un village où tout le monde s'épie, se juge et s'échange des ragots, il est plus difficile de s'assumer que dans l'anonymat d'une grande ville. Mais aucun de ces facteurs n'est fatal. J'ai vu des personnes chercher refuge après avoir été expulsées de chez elles par leur famille riche, laïque, avec une solide réputation de tolérance et d'ouverture. À l'inverse… Écoutez, ma mère était une femme très simple. Elle avait immigré avec ses parents, elle ne savait ni lire ni écrire à son arrivée en France. Elle était profondément religieuse. Le pays où elle est née sacralise l'institution familiale. Je n'avais pas vingt ans quand je lui ai dit la vérité. En quarante ans, je ne l'ai jamais entendue prononcer un mot de travers à mon endroit. Ma mère ne m'a jamais donné qu'un amour sans condition. »

On lui posa encore quelques questions, puis le témoin de R2D2 retourna à la place que lui avait gardée son ami Lucien tout au fond de la salle.

À la droite d'Emmanuelle, les mains immenses de Dorine massaient ses cuisses, et sur l'étoffe de polyester, ses ongles miroitaient cette fois comme dix étranges oiseaux morts qu'une puissante tempête aurait fait échouer sur la grève.

Le président appela le témoin suivant.

Certains se levaient pour partir, d'autres prenaient les places qu'on venait de libérer. Profitant du léger tumulte, Emmanuelle ramassa sa sacoche lestée des livres offerts par Lucrèce et sortit rapidement de la salle. Dehors, sous une pluie fine, elle hâta le pas en direction du parc du Verney.

25

Pendant des années, ce fut un tabou : puisqu'ils n'y pouvaient rien, à quoi bon en parler ? Pourtant, ils savaient. Agathe lui avait juré que ce n'était pas de son fait ; Emmanuelle n'avait aucune raison d'en douter. Ses parents avaient eu mille façons de l'apprendre : passé l'adolescence, elle n'avait fait l'effort ni de se cacher ni de se montrer.

Pendant le maelstrom de la loi sur le mariage pour tous, Florence changea de posture. Avec Emmanuelle, elle n'en parlait pas. Avec les autres – les amis crispés, les collègues circonspects, les tantes haineuses –, elle philosophait : c'est le sens de l'histoire ; pas besoin d'être un homme et une femme pour se courtiser, s'aimer, se marier, faire des enfants, les élever, se disputer, se haïr, mourir ; s'il faut une loi pour sauver l'institution familiale saccagée par l'individualisme, pourquoi pas ?

À cette époque, Emmanuelle ne se contentait plus de passades sans lendemain. Elle fréquentait Margot et sa bande, son histoire avec Consuelo venait tout juste de commencer. Elle employait ses forces retrouvées à vivre pleinement qui elle était, comme elle le désirait ; il ne lui en restait plus pour parler à ses parents.

Après Consuelo, Emmanuelle sombra dans ce qu'elle ne sut pas reconnaître comme une dépression. Elle les voyait peu, par crainte qu'ils apprennent à quel point elle était au fond du trou. Ils étaient à présent des grands-parents comblés ; les absences d'Emmanuelle ne les avaient pas inquiétés plus que ça.

Un jour, elle leur annonça qu'elle voulait leur présenter quelqu'un. C'était le premier voyage de Diane à Caen. Voilà, songea Emmanuelle quand Florence prit Diane dans ses bras et l'embrassa avec effusion, je l'ai fait, mon coming out. Au bout d'une heure, les deux femmes filaient le parfait amour. Au dîner, Diane expliqua qu'elle avait dédié une partie de sa vie à la défense des droits LGBT. Florence s'en émerveilla, témoigna pour la question un intérêt peu commun. Ne pouvait-elle pas contribuer, à son modeste niveau, à faire avancer la cause ? N'y avait-il pas, à Caen, des associations qui avaient besoin d'aide, de financements ?

De retour à l'hôtel, Diane ironisa : des écailles sont tombées des yeux de ta mère et elle a recouvré la vue.

Emmanuelle aurait dû s'en réjouir, mais à la place du ravissement, elle en conçut une sorte de rage. Quinze ans à faire semblant, tout ça pour retourner sa veste en quelques minutes ? Et si Diane n'avait pas été une haute fonctionnaire bien née, sa mère aurait-elle accueilli la nouvelle avec une même gaieté de cœur ? Le besoin de se trouver du bon côté de l'histoire avait-il été plus décisif que l'amour maternel ?

De retour à Paris, elle confia ses tourments à Diane, et celle-ci lui répondit :

« Tu sais, dans ma famille, tout le monde sait que je suis lesbienne et que j'ai rédigé une partie de la loi. Cela n'a pas empêché mes cousins de défiler avec La Manif pour tous. On ne les invitera pas à notre mariage, de toute façon ils ne viendront pas. L'autre moitié, les tièdes, les faux culs, ils font comme si, mais ils n'en pensent pas moins. Dois-je te rappeler que ma mère ne m'adresse plus la parole qu'en cas d'extrême nécessité ? Si elle avait eu le même cheminement que la tienne, je serais purement et simplement folle de joie. »

Que pouvait-elle lui répondre ? Qu'elle ne souhaitait pas d'une relation plus apaisée avec sa mère ? C'était pourtant la vérité. L'abîme lentement creusé entre sa mère et elle faisait partie de son identité. Que Florence entende rompre le silence qui avait si longtemps gouverné leur relation, c'était comme une effraction dans l'intimité d'Emmanuelle, une déclaration de guerre.

Quinze ans plus tôt, après le départ de sa sœur à Bayonne, il lui avait fallu deux semaines pour balayer ses derniers doutes : si elle demeurait à Caen, la vie qu'elle mènerait resterait parcellaire, incomplète, minuscule.

À cette époque, il n'y avait pas de communauté structurée, mais plutôt un réseau informel de lieux et d'associations. Pour y entrer, il fallait faire un pas. Emmanuelle n'était pas prête. Elle ne s'imaginait pas aller danser au Pink, pousser la porte d'A'Nanas, aller à sa première Gay Pride en 2003 autrement qu'avec son groupe de copains de la fac, tous hétéros. Se renseigner, en parler, c'était déjà s'exposer. Rien que d'y penser, elle était saisie de vertige.

Ce n'était pas Caen, c'était elle.

Emmanuelle avait soif d'anonymat.

De Paris, elle ne fantasmait rien, sinon de pouvoir vivre sa vie paisiblement. Elle n'entendrait parler du Pulp qu'après sa fermeture en 2007, boirait son premier verre à l'Unity Bar quand il changerait de nom pour devenir Mutinerie, irait aux Pride comme on va aux Techno-Parades ; elle découvrirait l'histoire, la géographie et la généalogie du queer des années plus tard, grâce à Margot. Ses songes parisiens, c'étaient des femmes, des femmes diverses qui ne se ressemblaient pas, des femmes qui désiraient autre chose qu'une passade clandestine et, surtout, un petit chez-soi où ramener toutes ces femmes qui formaient, dans son imagination, une constellation de visages et de corps dont se dégageait – éthérée, irréelle, géante – une figure féminine absolue.

À l'annonce de son départ, son père se retira dans sa chambre. Sa mère écarta les bras et lui dit qu'elle devrait se débrouiller seule. Pour l'essentiel, du moins, car ils avaient constitué un modeste pécule pour chacune de leurs deux filles, une sorte de dot – une dot, en fait, une vraie dot, pensa Emmanuelle – pour financer leur mariage et leur installation. Mais puisqu'elle, Emmanuelle, enfin voilà quoi, elle lui donnerait la somme pour aller vivre dans la capitale. Elle ne parut pas peinée du départ imminent de sa cadette, beaucoup moins que de celui d'Agathe, mais fut légèrement embarrassée par la pauvreté de l'aide qu'elle pouvait lui apporter. Emmanuelle contemplait les plis aigres de sa bouche, les hachures horizontales sur son front, et elle se demanda si cette prof – qui s'était tant lamentée sur la crise de l'école républicaine sans élaborer pour ses filles un plan d'avenir – allait lui manquer.

Le pécule fut suffisant pour payer les frais d'agence et la caution de son studio de quinze mètres carrés rue Greneta, ainsi que les frais d'inscription en licence à Paris-IV. Comme à Caen, elle opta pour la sociologie, histoire de ne pas perdre de temps à se familiariser avec une nouvelle matière – et du temps, elle en aurait besoin pour gagner sa vie.

Une vingtaine de jours après son installation, elle repéra une annonce sur la vitrine d'une brasserie rue Montorgueil : « Cherche serveuse après-midi, soirées et week-ends. » Elle appela, postula, fut prise sans entretien. La brasserie s'avéra être une usine, le rythme infernal, le patron odieux. Elle démissionna au bout d'un mois pour prendre le même job dans la brasserie d'en face. L'ambiance était un peu moins pourrie, sinon c'était pareil : Emmanuelle ne souriait pas, ne minaudait pas, elle n'avait pas le charisme de ses comparses, et on la tippait mal et peu. « T'es pas faite pour le métier, meuf », déclara Margot, sa nouvelle collègue. Margot avait l'âge d'Agathe, elle préparait la Fémis et n'était pas non plus faite pour le métier, mais elle, au moins, elle le faisait comme si elle était née avec un plateau de zinc et un carnet de commandes à la main.

Le jour, Emmanuelle bûchait. La socio lui plaisait. Les faits sociaux, les rôles et les masques, les bonnes raisons et la rationalité limitée, la machine à laver et l'habitus : ces gonds d'une structure invisible du vivant éclairaient les aspects tantôt banals, tantôt remarquables d'une société qui lui paraissait, par moments, impénétrable. À défaut de lui ouvrir les voies de l'opulence et du succès, la socio apaisait son angoisse.

La première année passa ainsi. Elle travaillait presque tout le temps ; sa vie sociale n'existait pas ; de Paris, sauf Montorgueil et le quartier Latin, elle n'avait rien vu. Seule consolation : elle clôtura sa deuxième année de licence avec 16,5 de moyenne.

La rentrée suivante apporta son lot de changements.

Sa copine d'enfance Caro lui annonça qu'elle montait à Paris pour faire IPESUP. Elles prirent un verre quai d'Anjou, où le père de Caro avait loué à sa fille un modeste deux-pièces de quarante mètres carrés avec vue sur la Seine. Elle avait toujours son air de première communiante, mais sous ses fringues, elle n'était pas mal du tout.

Elles picolèrent comme des trous. Caro aimait Paris parce qu'on pouvait y coucher avec qui on voulait sans que la moitié de la ville le sache le lendemain. IPESUP, c'était intéressant, mais sans plus. Elle préparait Sciences Po. Elle pouvait lui filer les cours.

Elles étaient déjà entièrement faites quand elles montèrent dans l'appart de Caro, où elles passèrent aux shots de vodka tiède. Caro alluma la télé – à présent elle avait la télé – et s'écroula sur le canapé à côté d'Emmanuelle. Une chaîne publique repassait *Le Grand Pardon* ; à la vue de Bernard Giraudeau, elles beuglèrent d'extase – c'est dans *Bilitis*, le film culte du maudit Hamilton, qu'elles avaient découvert, ados, le sublime acteur. Elles s'endormirent sur le canapé, enlacées comme deux sœurs, heureuses comme jamais.

Ce fut Caro, aussi, qui passa son CV à Oscar Dô, un camarade de promo de son *padre*. Emmanuelle le rencontra dans les bureaux de sa boîte, derrière l'Opéra, où, sous l'égide de cet ancien publicitaire passé par Ogilvy et TBWA, une petite équipe de pubards, de commerciaux et de littéraires planchaient sur ce qu'on n'appelait pas encore le *brand content*. Chevalière, gilet matelassé sans manches, chemise Oxford, Oscar Dô avait tout pour l'intimider. Débit de mitraillette, sourire perpétuel de ses yeux couleur lac de montagne, murs décatis de l'appartement trop étroit pour loger une rédac, tapes dans le dos prodiguées par les collègues qui passaient une tête : contre toute attente, Emmanuelle se sentit, face à lui, immédiatement à l'aise.

Les entreprises, lui expliqua Oscar Dô, n'avaient à présent d'autre choix que d'élaborer un discours social, engagé, à la lisière du politique. Or le seul discours qu'elles avaient en réserve, c'était un *storytelling* au mieux dépassé et, au pire, ridicule. Pour les aider à sortir de cette impasse, sa société Loquor ergo sum (littéralement, « je parle donc je suis », précisa Oscar) avait créé un magazine maison nommé *Homo Loquax* (cette fois, il ne traduisit pas). Une poignée de journalistes écrivant depuis le confort de leur chez-soi y éclairaient les transformations économiques, écologiques et sociétales tout en mettant en valeur les clients et leurs *use cases*. Il recherchait des plumes. Accepterait-elle d'écrire pour lui ?

Le soir même, à la fin de son service aux Machines de Montorgueil, Emmanuelle annonça sa démission.

Était-ce grâce aux cours d'IPESUP refilés par Caro ou à ses débuts journalistiques pour *Homo Loquax* ? Au printemps, Emmanuelle réussit les écrits de Sciences Po. À l'oral, elle sut convaincre le jury qu'elle était le profil idéal pour la troisième promo de sa nouvelle école de journalisme. Quand elle apprit qu'elle avait eu le concours, elle appela Oscar Dô avant sa sœur et ses parents. Ils se retrouvèrent à Chaussée-d'Antin, il lui donna une accolade, la félicita avec effusion. Elle le remercia pour ses conseils rassemblés dans une note de deux pages qu'elle avait apprise par cœur pour l'entretien blanc qu'il lui avait fait passer avec un énarque. « Tu vois, dit-il, tu as bien fait de forcer le trait, la jeune provinciale qui en veut, ça marche presque à tous les coups. Je le connais Descoings, il adore ça, il va en faire un bijou, de cette école, l'ESJ Paris et Lille n'auront qu'à bien se tenir. Bien sûr que tu peux garder tes deux chroniques, je te payerai d'ailleurs un peu plus, quatre-vingts euros le feuillet, mais attention, Emmanuelle, Sciences Po, c'est une chose, mais ta marque perso, c'est une autre histoire. Tu es smart, mais tu as besoin de te constituer un réseau. Tu dois fréquenter les bons lieux, les bonnes boîtes, les bonnes soirées, c'est comme ça qu'on se fait une place à Paris, et bien sûr épouser un fils de bonne famille qui fera en sorte que son carnet d'adresses devienne le tien. Oui, le mariage. Ne fais pas confiance à ces petits bourges soi-disant émancipés qui te racontent que le mariage, c'est *has been*, qu'ils ont pris le tournant de la modernité, ils coucheront avec toi, bonne poire, puis le jour venu, ils épouseront une Apolline ou une Marguerite, ils feront un mariage en Bourgogne entourés de militaires, et toi, tu resteras sur le carreau dans un appart trop petit, et je peux te dire qu'à partir de ce moment-là, il te faudra attendre la deuxième vague, celle des divorces puis du nouveau marché matrimonial des quadras en rupture avec leur mère et leur milieu, si évidemment tu n'es pas trop mal conservée. » Tandis qu'il parlait, son débit s'accélérait, il ne la regardait plus, ses furieuses litanies, il les adressait à quelqu'un d'autre, peut-être à une ancienne protégée qui n'en avait fait qu'à sa tête et vivait désormais une existence de merde avec un Picard ou, pire, un Lorrain. Il se tut soudain, le regard perdu dans le vague, s'ébroua, remit ses lunettes, lissa de l'intérieur du poignet quelques cheveux échappés de sa tempe, sourit, ses étroits yeux bleus posés sur elle. « Bref, conclut-il, quoi qu'il en soit, tu ferais bien d'investir dès maintenant dans de très bons anti-rides, on ne sait jamais. Et évite le soleil, surtout. »

Emmanuelle lui souriait aussi, la femme d'Oscar venait de donner naissance à leur quatrième, et sans doute ne songeait-il pas, entre deux biberons nocturnes, que sa petite Olympe pourrait un jour tomber pour une Claire ou une Paule plutôt que pour un Pacôme ou, à la rigueur, un Achille. Elle ne comptait pas lui parler de sa vie privée. Leur relation était simple et saine, à quoi bon compliquer les choses ? Peut-être craignait-elle de le décevoir comme on craint de décevoir un père, alors qu'elle n'avait jamais éprouvé pour ses parents pareil scrupule. Elle lui jura qu'elle se rendrait comme d'habitude un jeudi sur deux aux dîners qu'il organisait chez lui, avenue Émile-Deschanel, dans son duplex avec jardin à quelques encablures du Champ-de-Mars.

À Sciences Po, les cours lui plurent au-delà de ce qu'elle espérait. Côté réseau, c'était pas mal non plus. Côté sexe, ce fut plus compliqué. Emmanuelle ne se risquait pas à autre chose qu'à des allusions si délicates et des regards si discrets qu'ils ne menaient à rien.

Un jour, l'alcool aidant, elle ramena chez elle la copine d'un mec de sa promo. Plus tard, tandis qu'elles fumaient une clope à la fenêtre, la fille en question lui expliqua que la moitié des meufs maquées couchaient avec des meufs sans que les mecs en question en aient rien à cirer. Les plans à trois, c'était encore plus simple. Emmanuelle sourit : elle ne couchait pas avec les hommes. « Tu veux dire que t'es *vraiment* lesbienne ? » lui lança l'autre, éberluée.

Après, cela devint presque trop facile. Emmanuelle raffolait de ses conquêtes comme d'un fruit auquel on est allergique. On sait qu'on va à sa perte, et on hâte le pas. Les hétéros qui s'encanaillaient en sa compagnie n'avaient nullement le projet de se mettre en couple avec une femme. Emmanuelle ne se tenait qu'à une règle : pas de plan à trois. Le respect de celle-ci lui prenait plus d'énergie que de mettre une hétéro dans son lit.

Des années plus tard, Emmanuelle confierait à sa femme sa passion inépuisable pour les bourgeoises mariées. Diane lui répondrait : peut-être ne les désirais-tu pas tant pour ce qu'elles étaient que pour ce qu'elles avaient – la stabilité, l'insouciance, la norme, la vie au grand jour, un avenir sans nuages, et en les possédant elles, tu possédais un peu de cette île sur laquelle tu ne peux pas, ne veux pas trouver refuge. Emmanuelle acquiescerait et ne lui dirait pas ce qu'elle pensait vraiment : non, non, ce n'est pas pour me sentir un peu mec et un peu straight à la place du mec, c'est juste qu'elles étaient bonnes, belles, et ne me demandaient rien sinon du plaisir, et je n'étais pas prête pour autre chose.

Elle savait que c'était un jeu de dupes qui ne la mènerait nulle part quand elle tomba, par une soirée caniculaire de juin, sur sa vieille copine Margot. Euphoriques de ces retrouvailles dans un bar de Belleville bondé, elles se racontèrent leur vie depuis leur brève carrière de serveuses aux Machines de Montorgueil. Emmanuelle avait achevé Sciences Po un an plus tôt, et elle pigeait désormais pour *Le Petit Détective* et *Passions criminelles*, complétant ses fins de mois avec une chronique mensuelle pour *Homo Loquax*. Margot n'était pas encore une figure féministe très en vue dans le petit monde du cinéma d'auteur, mais ses « courts » avaient été remarqués, et son dernier projet venait d'obtenir la mention spéciale du jury à Cannes. Lorsque Margot lui caressa la main dans un geste dénué d'ambiguïté, Emmanuelle s'écarta vivement, balbutiant des explications auxquelles Margot coupa court : « Tu peux me dire que je ne te plais pas, mais ne va pas me faire croire que t'es straight, j'ai travaillé avec toi pendant sept mois, je t'ai vue mater des centaines de filles, alors soit tu me mens, soit tu te mens à toi-même. » Sa sortie produisit sur Emmanuelle un effet prodigieux. Elle mesura tout à coup l'étendue du nié, de l'inachevé.

Margot la prit dans ses bras, une étreinte vigoureuse et douce, un geste de pure consolation.

Emmanuelle fondit en larmes.

Un mois plus tard, elle passait son temps libre à traîner avec Margot et ses amis. Des amis, Margot en avait beaucoup, et des amis autrement plus chics qu'une pigiste pour la presse de faits divers. Les gens dont elle s'entourait appartenaient à des milieux auxquels ne mène aucune grande école. Margot militait activement pour les droits des jeunes et des personnes LGBT dans le monde du cinéma ; sans devenir militante à son tour, Emmanuelle observait et retenait. Tous les jeudis, sa nouvelle meilleure amie organisait une sorte de salon, qui devint l'une des soirées les plus courues par les têtes montantes – et les autres. Peu après leurs retrouvailles à Belleville, elle y convia Emmanuelle.

Un jeudi de juillet, Emmanuelle délaissa son uniforme jeans-tee-shirt et enfila une jupe vintage Dior vert étang, une chemise blanche, un blazer vert pin, et un foulard vintage Hermès qu'elle aimait beaucoup, un grand carré de 1963 signé Ledoux, « Armes de chasse », déniché par miracle dans une friperie à Londres.

Margot habitait dans le haut Marais un grand appartement aux pierres apparentes, poutres et fenêtres de guingois sur une courette transformée en jardin. Il lui avait été légué par son grand-père, il nécessitait bien quelques travaux de rafraîchissement, surtout la cuisine et les sanitaires, mais cette décrépitude lui donnait des airs de Brooklyn, désinvoltes et snobs. À peine entrée, Emmanuelle se sentit à côté de la plaque avec ses habits verts et son foulard. Elle entraperçut deux acteurs nommés aux Césars catégorie espoir. Les âges se mêlaient avec autant d'aisance que les styles baskets et talons aiguilles, perfectos sur chemise de soie, robes épousant les courbes mieux que du sur-mesure, jeans lâches coupés court sur les minces chevilles, montres dont elle ne connaissait pas les marques mais dont elle devinait qu'elles étaient bien reconnaissables. Il y avait aussi des amis du père de Margot, un beau gosse à la peau tannée dont les éclats de rire faisaient sourire sa fille. « Arrête papa », soufflait-elle, et papa, qui était aussi un gros producteur, enlaçait affectueusement sa fille chérie. Emmanuelle pensa à son père avec une honte mêlée de colère, lui qui osait à peine la toucher, masquant comme il pouvait la joie de revoir sa fille, trop peu, trop rarement.

On se passait les bouteilles et les plateaux de fromages, les bricks au thon maison et un énorme couscous. Son rouge à dix balles de chez Nicolas faisait pâle figure à côté des vins nature et des grands crus remontés de la cave à un rythme étourdissant.

Emmanuelle se fit la remarque que cette soirée avait tous les ingrédients pour qu'elle s'y sente de trop. Aux dîners d'Oscar Dô, les convives étaient peu nombreux et se présentaient avant de passer aux agapes. Là, c'était un autre type de rapport de force, plus insidieux, plus brutal : les gens étaient tout près, familiers, presque comme elle, mais pas tout à fait, pas du tout en fait, et cette distance était d'autant plus douloureuse qu'elle était mince – une crevasse minuscule, infranchissable.

Mais ces pensées lui parvenaient comme à une autre, elles ne l'affectaient pas.

Emmanuelle sourit. Elle se servit un verre. Elle était bien.

Des yeux observaient avec attention les mouvements de cette silhouette menue couleur arbre de Noël. En plein sprint pour le concours d'entrée à l'ENA, la propriétaire de ces yeux n'était pas dans les meilleures dispositions physiques et mentales, aussi attendit-elle trop longtemps avant de demander à Margot, dont le frère aîné était son ami d'enfance, le nom de la petite rousse passablement éméchée. Margot lui répondit qu'elle s'appelait Emmanuelle, une fille sympa mais qui avait besoin d'être dégourdie. L'amie d'enfance du grand frère se dit qu'elle l'aborderait bien, cette rousse qui lui paraissait, à elle, tout à fait dégourdie. Mais celle-ci était déjà en pleine conversation avec Consuelo, fraîchement arrivée de Barcelone, une fille avec un corps à tomber, une crinière inimaginable et un court-métrage signé avec une bonne boîte de prod.

Tandis qu'Emmanuelle était sur le point d'être aspirée dans une centrifugeuse dont elle sortirait, trois ans plus tard, exsangue et dévastée, Diane tourna les talons et disparut.

26

Il était midi. La cour de l'école envahie d'enfants malgré la pluie vibrait de leur vigueur harcelante. Il l'attendait sur leur banc, bien droit, ses mains à plat sur les genoux écartés. Cette fois, il ne portait pas le pardessus trop grand pour lui, juste un tee-shirt dont les manches courtes dardaient les fils de ses bras hâves.

« Le président est sans doute en train de t'interroger sur le mobile sexuel. »

Elle l'entendit s'ébrouer, une longue expiration sifflante, excédée.

« Ils me prennent tous pour un gay refoulé.

– Et si c'était le cas ?

– Peut-être que je le suis. Mais pour notre affaire, ça n'a pas beaucoup d'importance. Tu le sais toi-même, Emmanuelle.

– On se fait tuer parce qu'on est homosexuel, mais on ne tue pas parce qu'on l'est.

– Oh, ça sent le vécu, ça. »

Il pencha la tête sur le côté, croisa les bras et ajouta :

« Tu parles comme quelqu'un qui s'est déjà confronté à des pensées meurtrières.

– Trop facile, c'est moi qui te l'ai dit la dernière fois.

– Je veux les détails. Quand, où, pourquoi. Et qui, surtout, qui ? »

Il attendit un long moment qu'elle lui réponde. Mais plus l'averse s'intensifiait, moins elle se sentait capable de prononcer un mot.

« Tu vois, ce n'est pas évident. On se fait toujours tanner, nous autres qui avons tué : allez, parlez, confessez, regrettez, présentez vos excuses. Mais qu'est-ce qu'ils croient, tous ? Si on pouvait parler, confesser, regretter, présenter nos excuses, peut-être qu'on n'en serait pas arrivés là ! Regarde-toi, écoute ton silence, Emmanuelle, tu n'es même pas en mesure de me dire un mot de tes secrets d'enfance, alors que tu n'as rien à te reprocher. La justice n'ira jamais te chercher. Et de moi, tu n'as rien à craindre, je n'existe pas en dehors de toi. »

Le front baissé, la nuque fouettée par la pluie, Emmanuelle était sur le point de s'effondrer sur le bitume luisant.

« Tu es dans le box, Emmanuelle, tu n'as plus le choix, allez, donne-moi un indice. Qui ? Ta sœur ? Une cousine ? Attends, attends, je l'ai. Consuelo ? Ou alors… ton père ? Ah non, pas ton père. Je sais, je sais. Claude ! Non, Diane ! C'est Diane, n'est-ce pas ? »

Un rire aigu le secoua, puis il retrouva subitement sa gueule de clown triste entre deux pitreries :

« Dans ce cas, Emmanuelle, ça ne peut être que ta mère. »

En réponse, elle hurla de toutes ses forces :

« Ferme-la ! Va-t'en ! »

27

Trempée jusqu'à l'os et transie de froid, Emmanuelle se réfugia au Bistrot du palais. Le restau était bondé, elle s'apprêta à faire demi-tour, et c'est alors qu'elle vit, au fond de la salle en face du comptoir, la mère d'Alexandre Bataille. Entourée d'une femme de son âge et d'une jeune fille, Dorine donnait le sein à un bébé dodu. Les trois femmes étaient si absorbées par les mains qui s'agitaient de manière erratique, les petits pieds chaussés de souliers bleu ciel, que rien ne semblait exister autour d'elles.

Rien n'existait plus non plus autour d'Emmanuelle, sauf elles.

« Manu ! Tu nous snobes ou quoi ? »

Arrachée à son poste d'observation, elle vint saluer la grande tablée exclusivement composée d'hommes : Calamatta, qui l'avait hélée, Paladia, l'aspirant député, Despine-Découz et son fils, un grand dadais aux joues hérissées d'un duvet brun. Les coudes appuyés sur la nappe entre les bouteilles vides, ils avaient l'air un peu faits, sauf Paladia qui avait l'œil clair.

« Déjà en train d'écrire ta chronique ? Ça ne te ressemble pas ! dit Calamatta avec cette animosité subreptice dont elle ne parvenait pas, depuis son arrivée, à s'expliquer la raison.

– Pas plus que ça ne te ressemble de te biturer en pleine journée, François. »

Le chroniqueur haussa les épaules.

« Tout est écrit. Je parie que le gamin va se prendre le max. »

Paladia entreprit de le raisonner :

« Doucement, le procès n'est pas achevé. L'interrogatoire sur les faits, c'est cet après-midi. Rouvière doit faire son rapport psychiatrique demain. La question, c'est la dangerosité et les perspectives de réinsertion, et pour l'instant, on n'en sait rien.

– Mais à quoi jouez-vous, maître ? C'est un tueur en série ! Votre client a failli y passer ! Heureusement qu'il s'est fait choper à la deuxième tentative, sinon personne ne dormirait tranquille.

– Tais-toi, François ! Il y a des jurés dans la salle. »

Ce n'était pas la présence des jurés qui avait inquiété Emmanuelle, mais quand elle se retourna, Dorine et ses enfants n'étaient plus là.

Elle demanda à Despine-Découz si son témoin était déjà reparti. Il lui répondit qu'il déjeunait avec son amie Lucrèce Chartron avant de reprendre le train.

« Bon, et quand aurons-nous l'honneur de lire ta chronique ? »

Calamatta toisait Emmanuelle avec hostilité.

« Après le verdict, répondit-elle, calme et ferme.

– Tu te fais désirer ! Un papier sous l'angle de l'homosexualité ?

– Tu me demandes ça parce que je suis lesbienne ?

– Mais pas du tout, pour qui tu me prends ?

– L'homosexualité, François, n'est pas un mobile d'assassinat. »

Prenant appui sur la table, le chroniqueur tenta de se mettre debout ; la pensée traversa Emmanuelle qu'il ne voulait pas lui répondre tout en restant assis, mais la rabrouer en bonne et due forme du haut de son mètre quatre-vingts. Peut-être l'aurait-il même repoussée de ses deux mains, comme le font les gamins offensés dans la cour d'école. Mais ses jambes ne lui obéirent pas, il chavira et retomba sur sa chaise avec un tumulte qui fit braquer les regards du Bistrot sur leur petit groupe. Aidés du patron, ses compagnons s'affairaient à présent autour de lui, et Paladia demanda au serveur d'apporter au chroniqueur sa canne. Emmanuelle profita de la cohue pour s'éclipser en toute discrétion, non sans un petit signe de tête pour Joseph.

Près de la porte, elle fut rattrapée par Despine-Découz fils.

« Mon père donne une réception demain soir après le verdict. Il serait très heureux de vous y voir. À quelle adresse puis-je vous faire parvenir l'invitation ?

– Remerciez-le vivement. Je loge à l'Hôtel Très Confidentiel. »

Une expression émerveillée traversa son visage.

« Excellent choix. »

Dans sa chambre, Emmanuelle commanda un sandwich. L'interrogatoire était prévu à seize heures, elle avait du temps devant elle.

Elle s'attabla au petit bureau, ferma une à une les applications ouvertes sur son ordinateur, puis ouvrit Facebook.

Une notification l'informa que Lucrèce Charton lui adressait une demande d'amitié, une autre que Dorine Bataille (Costa) avait accepté la sienne.

Ce fut la photo de profil la plus récente qui s'afficha d'abord. La lèvre supérieure découvrant quatre dents d'un blanc invraisemblable, les joues criblées de fossettes, le nez à la pointe retroussée s'élargissant sur un sourire flou dont le charme vague s'accentuait sous le strabisme divergent – Dorine avait des airs de Catherine Zeta-Jones dans ce nanar de *Zorro*. Emmanuelle fit défiler les photos en remontant dans le temps. Elle changeait souvent de coiffure et de style, arborant tantôt les cheveux courts, permanentés et très blonds, tantôt un carré long, foncé et très lisse, et son maquillage oscillait entre la totale bleu pastel et rien du tout. Et puis, autour de 2017, Emmanuelle observa un retournement. Des photos mal cadrées et floues, le corps boursouflé, une pellicule brillante sur des yeux mi-clos, et ce teint fatigué, ces cernes gris-violet, ce relâchement de la mâchoire qu'Emmanuelle connaissait bien, pour les avoir aperçus dans le reflet que lui avait renvoyé son miroir des années plus tôt, peu après que Consuelo l'avait larguée. Entre 2015 et 2017, Dorine postait à des heures indues des photos étranges, des femmes lascives, des montages à base d'animaux, des selfies foireux, le genre de photos qu'on s'empresse d'effacer un lendemain de cuite après un réveil pâteux. Les légendes indiquaient sans ambiguïté qu'elle se languissait d'un mec. Et, bien sûr, il y avait des photos de ses mains, avec ses ongles peints et richement décorés par un certain *Philippe mon magicien*, agrémentées des compliments de leur propriétaire, si persuadée d'avoir de *belles mains* qu'elle ignorait les critiques de ses amies – *un peu trop chargé, bon apéro Dorine* – d'un silence boudeur.

Emmanuelle s'efforçait de calculer l'âge qu'avait Alexandre ces années-là quand l'écran afficha une photo du garçon. Sa mère l'avait photographié torse nu et de dos sur fond de soleil et de plage. En zoomant sur cette partie haute qui va de l'omoplate jusqu'en haut de la nuque, elle avait peut-être voulu mettre à l'honneur le tatouage éphémère décalqué sur l'épaule de son fils (un serpent multicolore), mais c'est autre chose qu'Emmanuelle vit sur la peau blanche et rouge parsemée de minuscules boutons blancs. Par endroits, de minces cicatrices, certaines – les plus longues – blanches, et d'autres, plus courtes et épaisses, qui tiraient sur le rose.

Emmanuelle demeura longtemps devant cette image, le nez à quelques centimètres de l'écran, comme si le temps pouvait en percer le mystère, dissiper la monstruosité de cette composition. Elle glissa comme dans un songe sur les dialogues entre le fils et sa mère, selon toute apparence très proches à l'époque, sur l'invariable vouvoiement qu'il avait pour elle, sur l'ironie de ses commentaires (comme une mise à égale distance de la honte et de la tendresse), sur les pronoms possessifs qui jalonnaient leurs échanges, sur la douceur absolue du rapport entre Dorine et sa fille – sa jolie petite reine, sa poupée, son chaton, sa beauté, son amour.

Emmanuelle referma l'écran et resta quelques moments assise à son bureau, le temps d'assimiler les sales petits secrets qu'elle était venue arracher à une intimité interdite.

Sur le drap s'éparpillaient les clefs de chez elle, l'épave

de son portable, l'enveloppe froissée avec l'invitation de la serveuse du Savoyard, les deux tomes de *Crime et Châtiment*. Elle ouvrit un livre au hasard : la page lui sembla noircie comme un rectangle d'abstraction, une allégorie inintelligible.

Elle posa le livre, croisa les mains sur son ventre, ferma les yeux.

Sous ses paumes, le ventre plein, compact, légèrement arrondi se durcit d'un seul coup, comme si un muscle neuf s'éveillait au milieu des chairs molles. Un spasme parcourut son sexe, désir bref, et remonta depuis le coccyx jusqu'aux reins, enveloppant tout le dos avant de se dissiper complètement.

28

« Racontez-nous comment les faits se sont déroulés. La cour est à vous. »

D'habitude si douce, la voix du président s'était cambrée d'accents plus durs.

Alexandre ne disait rien. Il avait la tête penchée sur le côté, comme tout à l'heure dans le parc. Le président attendait.

« Il stresse, souffla Emmanuelle à Lucrèce, qui lui avait gardé son ancienne place et occupait désormais le siège voisin. C'est sa dernière chance de faire craquer le gamin. »

Et pour elle-même : s'il ne se passe rien maintenant, il ne se passera plus rien, le procès aura été pour rien.

« Les pulsions, c'était ce soir-là. Elles montaient depuis plusieurs jours, et je n'arrivais pas à les contrôler. Chez moi, il y avait du monde. Je n'ai pas pu me retrouver seul pour me scarifier, alors je suis sorti au milieu du soir. J'ai erré dans Chambéry avec l'espoir que ces pulsions meurtrières cessent. Et que je sois incapable de tuer quelqu'un. Je suis allé à ce bar, Carré Curial, boire un verre. Et il était là, comme d'habitude. M. Khan, il était là, mais j'ignorais alors son nom. Je ne sais pas si je suis venu en attendant de le trouver là. Personne ne lui parlait. Il avait l'air seul et triste. Puis le bar a fermé, tout le monde a commencé à partir. J'ai décidé de faire un dernier tour. Alors je ressentais moins les pulsions. Je marchais, et puis je l'ai vu devant moi qui se traînait, il tenait à peine debout. À ce moment-là, tout s'est réveillé, comme un flash. Comme un coup de foudre. À ce moment-là, je savais que ça allait tomber sur lui. Je l'ai aidé à rouler sa cigarette. On a marché ensemble jusqu'au parc du Verney. Il m'a dit que la nuit, il dormait là. J'ai demandé s'il avait de la famille. Il m'a répondu non, personne. Peut-être que s'il m'avait répondu autrement, je ne l'aurais pas fait. J'ai pris une pierre, un gros bloc, lourd et plein d'arêtes coupantes. Il essayait de tirer sur sa roulée. Je me suis approché de lui et j'ai frappé une première fois. Il est tombé à la renverse, il a rampé, tenté de se relever. J'ai sorti le couteau que j'avais pris chez moi, je ne sais pas pourquoi. Quand il m'a demandé ce que j'étais en train de faire, je me suis entendu lui répondre que j'allais le tuer. La chose suivante dont je me souviens, c'est que je suis au pied de mon immeuble, en train de rire. J'avais du sang partout sur les mains, je me suis mis à vomir. Je savais que j'avais commis le crime parfait, que personne ne me chercherait. Et en même temps, j'attendais qu'ils viennent me chercher. »

Il se tut. Le président ôta ses lunettes et, après un court moment où il sembla hésiter, prononça le bref discours qu'il devait avoir préparé avec minutie :

« En vous entendant, on pourrait conclure que votre acte était fortuit. Que si M. Khan vous avait parlé de ses sœurs qui sont aujourd'hui dans la salle, vous l'auriez épargné. Les mots que vous employez lorsque vous en parlez à vos amis sont cependant d'une tout autre nature. Vous vous vantez d'avoir choisi la bonne victime, d'être intouchable. Vous écrivez à votre amie d'enfance que vous comptez recommencer très vite. Que vous resterez dans l'histoire comme le tueur en série le plus prolifique. Quand elle vous demande si c'est en tant que tueur en série que vous souhaitez marquer votre passage sur cette terre, vous lui répondez ceci : “Peu importe, du moment que mon passage sur terre restera marqué.” Soutenez-vous toujours que dans votre esprit, ce meurtre devait rester isolé et que l'attaque de Saïd n'avait rien à voir avec votre… plan de gloire ?

– Oui, monsieur le président, je le redis. Rien à voir. »

« Il est imperturbable, c'est dingue », murmura Lucrèce.

Emmanuelle secoua la tête.

« Ce n'est pas ça.

– Quoi ?

– Il l'a raté », prononça Emmanuelle, et à la manière dont Lucrèce hocha la tête, elle sut qu'elle n'avait pas compris ce qu'elle avait voulu dire.

« Neuf mois plus tard, je suis allé chez ma mère à Annecy pour le pont du 1er-Mai. C'était juste avant le deuxième tour de la présidentielle. Le soir de la bagarre, elle est partie avec ma sœur chez ma tante. Mon père a proposé qu'on se voie, mais j'ai refusé. Je ne voulais pas le voir. Je suis allé au bar. J'étais seul et triste, j'avais besoin de parler. J'ai sympathisé avec M. Missaoui, on a bu, puis un dernier verre chez ma mère. Comme des trous, des tasses entières de vodka. Je lui ai parlé de mon crime à Chambéry, il ne m'a pas cru, mais il n'est pas parti, il s'est juste moqué de moi. Après, la conversation en est venue à l'homosexualité. Là, il s'est levé, très énervé, il a commencé à me taper. Pour me défendre, j'ai pris la poêle qui était sur la table, je l'ai tapé de toutes mes forces. Il est parti en courant. J'ai nettoyé les traces pour que ma mère et ma sœur ne les voient pas. Si je ne me suis pas rendu au poste spontanément, c'est que quand j'ai dessoûlé, j'ai eu conscience que j'étais allé trop loin. Je buvais tous les jours à cette époque, histoire de pas penser… »

Il avait à peine fini qu'on se jeta sur lui et ne le lâcha plus – les dix versions qu'il avait servies aux enquêteurs, le nettoyage méticuleux de l'appartement, son sang-froid au moment de l'arrestation, la violence de ses propos à l'endroit des victimes. Plus on l'attaquait, plus sa peau semblait se durcir, paroi de marbre contre laquelle se brisaient les questions fusant de partout. Il traita paisiblement de menteurs ses amis Thierry et Charles, qui tous deux avaient nié avoir jamais eu le moindre rapport sexuel avec lui. Quand Paladia lui demanda s'il éprouvait de la culpabilité, il répondit qu'elle ne le lâchait pas. Il prononça encore bien d'autres choses qui se lisent si bien et se reçoivent si mal lorsque la voix ne dénote ni chaleur, ni cassure, ni regret. Une voix de démarcheur, qui pour la centième fois lit les mots préparés par la centrale d'appel.

« Il connaît les paroles mais pas la musique », murmura Emmanuelle, puis elle se leva brutalement.

Lucrèce la regardait de bas en haut, ahurie :

« Qu'est-ce que tu fais ?

– J'ai besoin d'air », répondit Emmanuelle à la brune, et aux autres aussi qui se retournaient sur son passage.

Elle traversa la cour vide, grimpa les marches deux à deux, fit irruption dans les toilettes jouxtant les machines à café, se rua dans la première cabine et vomit, la porte ouverte, la lunette baissée. Puis elle se rinça longuement la bouche, le visage, les mains. Elle se regarda dans le miroir : les lèvres retroussées sur les dents, elle haletait comme un chien assoiffé, et à la vue de ses joues rougeoyantes et de ses yeux de folle, elle se mit à rire.

Sans se hâter, elle redescendit, taxa une clope au mec de la sécurité, franchit le portail. Alluma la clope. Toussa. Tira encore deux taffes, l'écrasa. Regarda sa montre : il était dix-huit heures passées.

Juste à temps pour l'apéro.

29

Le Joyce Irish Bar se trouvait à quelques pas de la Base, le tiers-lieu de l'Espace Malraux où l'aspirant député avait, un an plus tôt, contrarié son tête-à-tête avec Diane. Cette bâtisse minérale qu'Emmanuelle avait prise pour une usine réaménagée avait l'aspect d'un énorme macaron coulé dans du béton. Avant leur week-end à Chambéry, Diane lui avait appris que c'était en réalité une construction récente, achevée peu avant la chute du Mur, un produit plutôt réussi des politiques de reconversion urbaine. Elle ne lui trouvait cependant aucun charme, rien à sauver, ce à quoi Emmanuelle, blessée à vif par l'attaque contre son QG préféré, avait rétorqué que l'espace culturel lui rappelait la Tate Modern à Londres, mêmes lignes épurées de béton clair, même programmation hyper-pointue. Pointue ? Diane avait ri. Je ne te parle pas de programmation, Emmanuelle, mais de l'architecture ! Un gris terne dans une région si souvent plongée dans le brouillard et la pluie ? Du béton dans une ville traversée de part en part par son héritage italien ? Non, décidément, je ne comprends pas cette fantaisie de Mario Botta, rien à voir avec ses autres projets, lui qui sait si bien casser la grisaille des abords urbains avec de l'ocre, du terre-de-Sienne, du spirituel, du solaire, quoi, rappelle-toi la superbe cathédrale d'Évry, ses briques orange, le cylindre monumental coupé en biseau et planté de tilleuls, alors ton Espace Malraux, je cite, hyper-pointu, moi, je trouve surtout que c'est un carnage. Éblouie par l'aplomb avec lequel sa femme avait pulvérisé un lieu où elle n'avait jamais foutu les pieds, Emmanuelle n'avait trouvé à répondre que ceci : tu verras quand je t'y emmènerai, c'est vraiment chouette.

Le Carré Curial, c'était une autre ambiance. Avec l'arrivée du printemps, les bars et restaus avaient sorti leur attirail de terrasse. Après une journée de pluie ininterrompue, le ciel était clair, et sous le soleil haut, les façades rouge sarde étincelaient d'un voile rosé, les toits d'ardoises miroitaient comme une mer d'huile. Dans le vaste cloître, la foule ondulait d'un lent mouvement de reptile, peu s'en fallait que la langoureuse allégresse basculât dans la folie d'une nuit de fête.

Il émanait du Carré Curial un parfum qui transporta Emmanuelle vingt ans en arrière – soirée caennaise, odeur de fût, mobylettes, échappées au large de la côte, bières fortes, shots, seins nus entre deux spliffs. Emmanuelle fut prise d'un vertige, l'espace-temps semblait rétréci, elle se raccrocha à l'effervescence de cette jeunesse déjà éméchée mais refusant encore de passer pour déchue.

Le flair qui la mit sur les traces de Karine paraissait lui aussi surgir du passé.

Elle était là, debout, présidant une grande tablée peuplée de jeunes gens en tee-shirt. Tout le monde suait à grosses gouttes, comme si un microclimat subtropical s'était abattu sur le territoire du pub. Karine portait un débardeur blanc. Pas grande mais élancée, dense et fine, ses boucles serrées portaient la trace d'une superposition de diverses teintes blondes ; sa taille cambrée et ses puissants trapèzes rappelèrent à Emmanuelle la silhouette de son amie Margot, sculptée par de longues années de service en restauration. Mais Margot avait des hanches larges, alors que celles de Karine étaient étroites, tendues, rentrées vers l'intérieur comme deux pétales, et son skinny délavé donnait à ses jambes une allure de cavalière.

Elle ne savait pas trop comment l'aborder, alors elle demeura à deux mètres derrière elle jusqu'à ce que ses amis, remarquant sa présence, se mettent à lui faire des grimaces. Karine se retourna et poussa un cri, un long wooooow.

« Eh ben voilà, je vous avais dit qu'elle viendrait.

– C'est quoi, le prénom de la demoiselle ? fit un mec de moins de trente ans, son tee-shirt barré de l'inscription *On n'est pas bien là ?*

– On m'appelait Manu quand j'étais un bébé comme toi. »

On rigola, on lui fit une place. *On n'est pas bien là* fut désigné pour la prochaine tournée, et quelques minutes plus tard, une pinte frappa le bois de la table. La bière couleur beurre industriel n'avait presque pas de mousse et fleurait bon le rance d'une cuvette en fin de soirée. Emmanuelle but une gorgée ; comme d'habitude, la blonde était moins mauvaise au goût qu'au nez. Elle avait déjà envie d'uriner.

Pendant ce temps, sa voisine de droite procédait à l'interrogatoire. Parisienne, oui, journaliste venue chroniquer le procès, oui, logeait à l'Hôtel Très Confidentiel, non, pas normal, pas la rédac qui payait, elle avait décidé de se faire plaisir, ah oui, c'était plutôt chic. Emmanuelle n'avait pas envie de parler de sa vie et, rapidement, ce fut elle qui posa les questions. La fille habitait un petit immeuble à Saint-Alban-Leysse, mais elle voulait déménager car ses voisins du dessus passaient leur temps à baiser ou à se hurler dessus, selon les jours. Elle tenait un Franprix à Chambéry, c'était dur, mal payé, mais au moins elle voyait du monde et ses chefs lui foutaient la paix. D'ailleurs, ça faisait des années qu'elle refourguait les invendus aux clochards et aux pauvres sans que personne l'emmerde, bien avant leur loi à la con. Le seul problème c'était les mecs, pas un pour rattraper l'autre, le dernier s'était barré avec la moitié de son appart, mais au moins il ne menaçait plus de la taper quand il avait trop bu.

Elle se penchait de plus en plus vers Emmanuelle, la pointe de ses cheveux chatouillait son cou et l'envahissait d'un parfum doucereux. En proie à un début de nausée, elle se leva pour aller pisser. La meuf, dont elle ne connaissait toujours pas le nom, lui sourit mollement, pas besoin d'excuses, elle savait bien qu'elle était venue pour Karine, vu comme celle-ci la dévorait des yeux depuis le début. Karine était toujours plantée en bout de table, les pouces dans la ceinture, ses hanches se balançant au rythme de la musique, elle discutait avec les copains qui se succédaient auprès d'elle et riaient à la moindre de ses répliques tandis qu'elle gardait un sourire tout en retenue, buvant les demis qu'on lui apportait à peine son bock vidé. Si ça se trouve, songea Emmanuelle en s'engouffrant dans le pub, elle n'aurait même pas besoin de tant parler que cela. Mais le voulait-elle ?

L'air était devenu dense et humide, ça buvait des mojitos et fumait des clopes à l'intérieur, des ballons d'hélium multicolores rasaient l'extrémité des têtes. Tandis qu'Emmanuelle avançait vers le fond en jouant des coudes, elle reçut en retour confettis, alcool renversé et attouchements plus ou moins involontaires.

Dans les toilettes des filles, on s'administrait déjà les premières traces, les rebords en faux marbre étaient striés de minces rayures parallèles. Elle passa le doigt sur la surface souillée ; une fine poudre blanche resta collée à sa pulpe. Traversée par une ondée de désir, elle était à un cheveu de s'en frotter les gencives, mais non, c'était terminé tout ça, terminé pour de bon, elle essuya son doigt sur son jean et baissa son froc. Assise sur la cuvette, elle examina sa culotte, le coton était imbibé d'un mélange de glaires blanches et d'un liquide plus pâle – de la sueur ou de l'urine. Elle pencha son torse entre ses genoux écartés et huma son sexe, l'odeur en était comme modifiée, plus intense. Curieusement, elle s'en trouva excitée. Elle se rhabilla et se glissa devant le miroir maculé de taches d'une teinte variant entre le rouge et le marron, des traces de merde ou de résidus de rouge à lèvres que les filles déposaient sur la glace quand, avant de retourner danser, elles smackaient leur reflet. Emmanuelle ôta l'élastique de ses cheveux qu'elle n'avait pas peignés depuis des jours, et leur éventail aurore tomba jusqu'à sa taille où se dessinait à présent un ventre nettement rebondi. Elle aurait bien voulu se peindre les lèvres de ce carmin qui lui allait si bien, mais elle n'avait rien emporté, ni maquillage ni brosse, alors elle se contenta d'arranger avec ses doigts quelques mèches de cheveux et de lisser son col roulé sur ses seins pleins et fermes. En toisant son reflet, elle se rendit compte qu'elle ne s'était pas regardée depuis des jours, peut-être des semaines, et comme de son sexe émanaient des effluves étrangers et familiers, la femme qui lui souriait dans le miroir était tout à la fois la même et une autre.

Elle sortit des toilettes avec ce balancement gauche dont elle s'était débarrassée en arrivant à Paris. C'est alors qu'à l'infâme pâtée sonore succéda une mélodie familière, un morceau du dernier album d'Orelsan, *c'est du propre*, la foule sautait en rugissant, c'était la folie, *cinq heures du mat', sur le port un dernier shot*, et cette folie l'emplissait de joie, et elle observait la foule vociférer comme un seul homme *c'est pour ma ville, sauce magique, beau gosse*, la chanson avait été composée pour Caen mais elle fonctionnait avec Chambéry, *mort en ville quand elle est morte*, elle fonctionnait avec n'importe quelle ville de France, et même avec Paris, *autopilote*, c'était sans doute là le plus grand talent du rappeur caennais – faire de l'intime particulier l'hymne de tous.

« Ben alors, tu ne chantes pas avec nous ? Tu ne connais pas ? lui cria Karine quand Emmanuelle fut suffisamment près pour l'entendre.

– Tu plaisantes ! Là d'où je viens, c'est une sorte de monument national !

– T'es de Caen ? Je te croyais parisienne. »

Emmanuelle marmonna que les deux options ne s'excluaient pas.

« J'imagine que tu l'as vu chez toi, la chance ! »

Emmanuelle secoua la tête, non elle l'avait vu à Bercy, ça arrangeait Diane qui, des deux, en était la véritable fan, mais ça, Emmanuelle le garda pour elle. C'était si facile avec cette meuf, aussi, elle avait l'impression qu'elles se connaissaient depuis toujours, alors qu'elle ne savait rien d'elle, sinon qu'elle travaillait au Savoyard et qu'elle sentait la liberté, la clope et le carburateur.

« T'es encore là dans une semaine ? Il passe à Grenoble », dit Karine.

Non, elle ne serait plus là, c'était à peu près la seule chose dont elle était certaine.

« Dommage, je t'y aurais emmenée, on aurait fait une virée en moto. »

Emmanuelle eut un flash : elle la vit avec casque, visière baissée, combinaison de cuir noir, chaussures montantes à tige rigide, gants en cuir éreintés aux articulations, et elle recula d'un petit pas.

« T'es jamais montée sur une moto, c'est ça, t'as peur en fait ? dit Karine en riant.

– J'ai revendu ma moto il y a quatre ans.

– Nan, t'es sérieuse ? T'avais quoi comme bécane ?

– Une Kawa. La Z650.

– Une jap ! Une beauté !

– Un petit bijou, maniable comme une mob. Un peu moins puissante que ma CB1000R…

– Tu m'étonnes, tu parles d'une hyper-sportive, quand même !

– C'était un foudre de guerre. Je l'ai revendue pour la Kawa, histoire de baisser d'un cran. Mais bon, ça ne suffisait pas.

– À qui donc ? »

À ma femme, répondit Emmanuelle sans desceller les lèvres.

« Et toi, t'as quoi ? »

Karine avala sa bière d'un trait et posa le verre vide sur la table.

« Tu veux la voir ? J'habite à côté. »

C'était une superbe Speed Triple d'un fuchsia profond, subtilement pailleté, aux reflets presque violets, une vraie anglaise trois cylindres, dont Karine lui expliqua qu'elle avait modifié cette version 2001 pour porter le nombre de chevaux à 150.

Emmanuelle recula de deux pas et embrassa la machine du regard. Une silhouette trapue, ramassée, aucune assistance électronique, une puissance qu'il fallait savoir dompter. C'était une bécane de bandit, perfide, suicidaire.

« Je peux ?

– Vas-y, bien sûr. »

Emmanuelle passa une jambe de l'autre côté de la selle, prit appui sur son pied gauche, se figea, évaluant la hauteur et le poids. La bécane était un poil trop grande pour sa corpulence, comme presque toutes les motos à part la Bonneville, la Scrambler de chez Ducat' ou à la rigueur la MT07. Ça irait, elle aurait les pointes au sol. Elle redressa le guidon et releva la moto, puis en trois coups de reins en jaugea la réponse, une résistance nerveuse et raide qui la fit maugréer de plaisir.

Karine laissait courir son regard sur Emmanuelle.

« Moi, ce que je crois, c'est que tu as besoin de faire un tour.

– Viens avec moi !

– Je n'ai pas d'équipement passager. Et en plus, j'ai trop bu.

– Moi aussi, j'ai bu.

– Une gorgée, c'est mon pote qui a sifflé ton verre pendant que tu pissais.

– Et si je te l'abîmais…

– Écoute, c'est toi qui vois. Moi, cette bécane, elle m'a sauvée tellement de fois, j'avais envie de me foutre en l'air, je partais pour un tour, et en revenant, ça allait mieux. »

Emmanuelle n'eut plus envie de protester.

« Allez. »

Elles montèrent dans son appart, un assez vaste deux-pièces qui donnait sur la devanture du Savoyard, le plafond bas, chaque centimètre enseveli sous du mobilier chiné, des fringues, de la vaisselle, des magazines, du menu bordel indéterminé. Karine revint de sa chambre avec un Shoei intégral de la même couleur que la bécane – *nuclear red*, précisa-t-elle avec un bon accent – et une combinaison en cuir grainé noir, exactement celle qu'Emmanuelle l'avait imaginée porter. Elle remit le matos, elles se regardèrent l'une l'autre, en proie à l'hésitation partagée devant deux issues également désirables.

Emmanuelle prit la combi.

« Je te la ramène ce soir ?

– Oh, ce serait dommage de ne pas en profiter au petit matin ! Tu n'as qu'à la ramener demain soir, tiens, je fais une soirée chez moi, on boira un verre, histoire de fêter tes retrouvailles avec ton âme de motarde.

– Tu ne bosses pas ?

– C'est mon jour de relâche. »

En montant la *street*, accoutrée de la combi trop grande pour elle, le nez dans le casque embaumant Karine, Emmanuelle eut la sensation qu'on avait recousu sur sa chair écorchée vive une peau conservée des années durant dans un seau de formol. La mémoire du corps précédait la pensée, le regard n'était plus nécessaire, à la limite il gênait la transition naturelle des mouvements ; elle pourrait rouler les yeux fermés, goûter le moment quand le pied abandonne le sol et que la machine démarre, n'obéir qu'à l'infime mouvement du pouce, fendre l'air d'une trajectoire parfaite, attentive au seul ronflement de l'anglaise, plus doux et moins strident que celui auquel les japonaises l'avaient accoutumée.

« Putain, elle est nerveuse, celle-ci, faut pas que je fasse la conne. »

Dans le giron du casque, Emmanuelle se parlait à elle-même, à voix haute, comme avant.

Après le rond-point, elle prit la deuxième sortie, longea à sa gauche le château des ducs de Savoie, louvoyant au hasard dans les ruelles du vieux Chambéry jusqu'à traverser la Leysse, et, au rond-point suivant, elle décida de suivre la départementale en direction d'Aix-les-Bains, cela devait être une belle petite route et le lac n'était pas trop loin, elle aurait le temps de revenir avant la tombée de la nuit. Puis elle rabattit tout à fait le torse sur le guidon, mit un coup d'accélérateur, suspendit le flot de ses pensées, et roula.

30

Lorsque Emmanuelle mit pied à terre, son corps lui parut tout léger, comme défiant la gravité, et au ventre, cette envolée sauvage au goût de coup de foudre. Il lui fallut encore quelques minutes pour remarquer qu'une nuit claire était tombée sur le lieu inconnu où elle avait fait halte. Les rues étroites, les pavés, les maisons aux façades peintes de bleu pastel et d'ocre vif la laissèrent croire qu'elle était encore à Chambéry, si ce n'étaient cette brise et cette odeur aqueuse de station balnéaire. Mais oui, elle avait pris la direction d'Aix-les-Bains, d'ailleurs un panneau un peu plus loin indiquait la route du lac. Elle parcourut distraitement les devantures dans cette artère presque piétonne. Le nom d'un restaurant l'interloqua : Le Vieil Annecy.

Putain, mais qu'est-ce qu'elle foutait à Annecy ?

Elle dézippa la combinaison et chercha son téléphone, puis se rappela qu'il était mort. Elle jura, enfourcha la moto et fit demi-tour.

Elle prenait déjà la direction de Chambéry, quand l'adresse se matérialisa dans sa mémoire – avec l'évidence des phrases, gestes, murmures, silences qui surgissaient, lorsqu'elle écrivait, sous sa plume de chroniqueuse.

Le nom de la rue, elle l'avait, mais pas le numéro.

Elle se gara, héla une passante et lui demanda, l'urgence dans la voix, de lui prêter son téléphone. Sur l'appareil que la dame lui tendit sans poser de questions, elle composa un SMS, attendit dix secondes, appela Abdallah. Celui-ci répondit à la deuxième sonnerie, puis, comprenant que derrière ce numéro inconnu était sa boss disparue depuis deux jours, il l'accabla de reproches. Elle l'interrompit sèchement :

« Tu as l'ordonnance de mise en accusation quelque part ? »

Il l'avait dans les mails, et retrouva rapidement l'adresse qu'elle recherchait. Elle promit de tout lui expliquer plus tard, l'embrassa et raccrocha. Sans qu'elle le lui demandât, la dame lui décrivit l'itinéraire à suivre. Emmanuelle la remercia et enfourcha sa moto.

Elle s'engagea route de Sacconges. Ça grimpait doucement, les ronds-points et les villages s'espaçaient peu à peu. D'après la dame, l'allée des Cerisiers était située à vingt-cinq minutes du vieil Annecy en suivant la route. Bordée d'habitations à droite, celle-ci ouvrait à gauche sur la vallée. Il était déjà presque neuf heures, et la lumière rose de l'entre chien et loup s'évanouissait dans un camaïeu de bleus. Emmanuelle releva la visière de son casque et respira à pleins poumons les effluves astringents des pins. L'heure bleue, la plus belle, la plus diabolique, porteuse pour les motards des pires dangers. Un instant d'inattention se payait d'une vie, il ne fallait pas qu'elle laisse son regard s'égarer trop longtemps sur la montagne.

Elle jeta un coup d'œil dans le rétroviseur, une Audi cabriolet la collait au cul, fils de pute, tu te crois dans ton bon droit avec tes deux cents chevaux à soixante-dix mille balles, mais pourquoi tu me scotches alors qu'on n'y voit rien, déjà que tu roules à quatre-vingt-dix sur une route limitée à cinquante, t'as envie que je me plante ou quoi, et comme une confirmation, le cabriolet franchit la ligne blanche et se rangea à côté d'Emmanuelle, à contresens. Elle tourna la tête et remarqua les clichés : chemise blanche, pull sur les épaules, passagère à grosses solaires, ils riaient, sans doute chargés comme des mules, une voiture pouvait surgir à tout instant face à eux, ils risquaient leur vie, enfin ils la risquaient moins qu'ils ne mettaient en danger celle d'Emmanuelle, qu'ils pouvaient claquer sur son flanc gauche d'un coup de volant. Elle voyait déjà à la une du *Dauphiné libéré* le titre annonçant le pronostic vital engagé d'un quelconque fiston du président du conseil général, et celui à propos d'elle aussi : « Journaliste enceinte décédée sur le coup. » La pensée l'amusa, puis l'effraya. Elle se rappela alors la loi poids-puissance : à l'accélération, la moto la plus quelconque bat à plates coutures la plus véloce des voitures ; quand on se fait emmerder par une boîte à roues, on fonce. Emmanuelle vissa la poignée et la trois-cylindres fendit l'air comme on s'envole.

Elle exultait.

Quelques minutes plus tard, un panneau annonçait Semnoz ; elle ralentit. L'allée des Cerisiers devait se trouver quelque part après le cimetière.

Quelques tours dans le dédale d'allées résidentielles, et elle finit par trouver. La maison était là, à droite, un pavillon rose saumon dissimulé derrière des bosquets fraîchement taillés.

Emmanuelle gara l'anglaise. Le pavillon était ceint d'une étroite bande de gazon accablée d'une aire de jeux, d'un trampoline, d'un barbecue, de mobilier de jardin. Au fond à droite, une petite remise, était-ce là que Bertrand Bataille enfermait son fils de huit ans quand il l'empêchait de dormir – lui, l'homme ravagé de fatigue par la naissance de la cadette ? Chimères. Peu probable que Dorine habite la même maison.

Elle traversa la terrasse en bois, s'arrêta devant la porte du pavillon, frappa. On lui ouvrit tout de suite, comme si elle avait été attendue. Une série de crampes lui crispa le ventre – elle n'avait rien avalé depuis le matin. Se sentant vaciller, elle pressa sa main contre le chambranle.

Le bébé la regardait, tétine en bouche et pyjama. Dans la pénombre, elle ne parvenait pas à lire l'expression de sa mère.

« Ne restez pas là, entrez, dit Dorine en s'écartant, puis elle la mena à la pièce de vie. Vous devez avoir soif, je vais chercher de l'eau. »

Elle se dirigea vers la porte d'où provenaient claquements, crépitements, chocs.

« Dorine, s'il vous plaît… »

La mère se retourna, et le bébé poussa un petit cri de joie, sa tétine voletant à un mètre sur le carrelage.

« Je… je ne sais pas comment le dire… auriez-vous des chips, ou du pain ? N'importe quoi, je vais tomber dans les pommes. »

Dorine la regardait, les lèvres entrouvertes, les pupilles légèrement voilées.

« Vous n'avez qu'à rester dîner.

– Oh non, non, je ne voudrais pas déranger…

– Arwen ! Arwen, mon chat, tu peux ramener des petits gâteaux apéritifs pour Mme Borgia ? »

Elle le répéta encore deux ou trois fois, « Arwen, ma puce, mon bébé, es-tu là ? », jusqu'à ce qu'une voix masculine lui réponde depuis la cuisine :

« Chérie, Arwen est dans sa chambre, elle fait ses devoirs, ne la dérange pas avant le dîner, j'en ai encore pour une petite demi-heure. »

Dorine considéra le bébé dans ses bras, puis elle porta le regard sur Emmanuelle, et celle-ci dut commencer un geste, lever un sourcil, car elle lui remit le bébé sans un mot. Le bébé tendit les bras vers l'étrangère avec un large sourire. Le sourire, la plénitude du corps, l'odeur de lait – elle se trouva désarmée. Elle courba son bras gauche et cala les petites fesses au pli du coude ; le bébé se détendit et lâcha un pet. Le bruit sec fit rire les deux femmes.

« Tu sais t'y prendre, dis donc, t'en as combien à toi ? demanda Dorine en revenant avec des paquets de gâteaux et la tétine qu'elle avait ramassée au passage.

– J'ai une nièce. »

Emmanuelle gardait les yeux rivés sur la boule de chaleur, de plis et de gras, le bébé la dévisageait en mâchouillant sa tétine, l'œil curieux. Pour rompre cet examen réciproque, plus gênant pour elle que pour l'enfant, Emmanuelle lui chatouilla brièvement le ventre. Il n'attendait que cela pour partir dans un grand éclat de rire, la tétine tomba encore, et elle en profita pour la planquer sous le plaid. Elle lui caressa la joue, et le bébé, aux anges, rit encore d'un rire sonore et rauque, s'étouffant presque. Ses bras s'écartaient d'eux-mêmes et ses jambes enveloppées dans le pyjama parsemé de petits lapins sous acide se bandaient comme des ressorts.

Dorine était revenue avec un biberon qui provoqua chez l'enfant une vive agitation. Elle le fourra dans la main libre d'Emmanuelle et se hâta de retourner dans la cuisine. Sans attendre qu'elle le lui donne, le bébé colla le biberon à sa bouche, les joues immédiatement constellées de gouttelettes de lait. Emmanuelle eut un moment d'hésitation, puis elle déposa l'enfant sur le canapé, la nuque contre un coussin, et s'empara du paquet. Elle dévora les gâteaux par poignées. Il faisait si chaud à l'intérieur qu'elle fit glisser la fermeture éclair de sa combinaison jusqu'au plexus, libérant son cou et sa poitrine. Le bébé avait déjà expédié le biberon vide sur le tapis, et maintenant, les mains tendues vers elle, il lui présentait sa petite tête désarmée, les traits tordus de chagrin. Elle se précipita vers lui, l'enlaça tendrement. Il sentait bon, il sentait une autre.

Des pas rapides résonnèrent dans le couloir, une grande et mince silhouette surgit dans le salon.

« Pardon, je ne savais pas qu'il y avait quelqu'un. »

La jeune fille semblait sincèrement embêtée, tandis qu'Emmanuelle se remettait de l'illusion fugace : avoir vu apparaître la jumelle d'Alexandre, mais à la complexion plus mate et aux gestes déliés, pleins de vie.

« Emmanuelle, se présenta la chroniqueuse.

– Arwen, répondit la jeune fille en prenant l'enfant dans ses bras. Vous êtes une collègue du nouveau travail de maman ?

– Arwen comme dans *Le Seigneur des anneaux* ?

– Ah, vous connaissez ? C'est notre film préféré, avec mon frère et ma mère, on l'a vu au moins cinquante fois. »

Elle parlait comme si Alexandre s'était trouvé dans la pièce à côté, ou à l'étage, dans sa chambre, et non dans une cellule insalubre de la maison d'arrêt d'Aiton.

Une silhouette d'homme se découpa dans l'embrasure de la cuisine.

« Arwen, ma puce, tu viens nous aider, qu'on ne mange pas dans une heure ? »

Arwen confia le petit à Emmanuelle, comme à une tante, une nounou, une amie proche de la famille.

« Je m'excuse, je ne vous ai pas encore dit bonjour », dit l'homme en s'essuyant les mains à son tablier noir.

Les yeux rieurs, le sourire affable, la jeunesse de sa peau, le bombé de ses biceps sous les manches de son tee-shirt. Sympa, le beau-père. Enfin, c'est ce qu'on pensait toujours, jusqu'au jour où...

« Désolée, murmura-t-elle au bébé, déformation professionnelle, on ne peut pas s'empêcher de scruter les assises derrière le moindre sourire. »

Pour seule réponse, le bébé se mit à fouiller dans son décolleté. De ses doigts potelés, il s'empara de la chaînette au bout de laquelle pendait sa médaille de communion. Il examina avec une extrême concentration le disque minuscule sur lequel la Vierge Marie pressait le front de l'Enfant Jésus contre son sein. Le regard de la mère, aveugle de tendresse, plongeait dans celui de l'enfant ; rien n'existait au monde qu'eux deux. Emmanuelle enlaça le bébé, sentit la chaleur de ses joues contre la peau de son torse. De l'autre côté du cuir, du coton de son tee-shirt, de la peau de son ventre, quelque chose s'anima, ondoya, se fit pure sensibilité.

Dans un accès de panique Emmanuelle se leva du canapé et appela Dorine d'une voix forte, le bébé cria à son tour jusqu'à ce que sa mère apparaisse dans le salon, un tablier rose noué autour des hanches.

« Je regrette, mais je ne peux pas rester dîner.

– Ah bon, pourquoi ? »

Arwen et l'homme l'entouraient à présent, légèrement en retrait. Ils paraissaient tous les deux peinés que les choses ne se déroulent pas comme prévu, que la dame qui jouait avec le petit Antoine dût s'en aller. Traversée par une secousse d'horreur, Emmanuelle détourna le regard de ce bonheur conjugal auquel rien ne manquait. Rien ni personne.

Elle dit à Dorine :

« Puis-je m'entretenir avec vous en privé ? »

Avec une extrême précaution, l'homme prit le bébé dans ses bras. Dorine conduisit Emmanuelle dans le vestibule et referma derrière elles la porte du salon.

« Vous écrivez sur Alexandre ? Vous voulez voir sa chambre ?

– Je ne suis pas venue pour ça. Dites à votre fils qu'il doit laisser paraître… une partie de lui… Il doit leur donner quelque chose à se mettre sous la dent. S'il demeure un mystère, les jurés ne l'épargneront pas. »

Emmanuelle aurait voulu dire aussi ceci : vous jouez à la famille parfaite, mais cela ne trompe personne, il y a un vide dans la chambre là-haut, et sous le tapis, des cadavres, ceux des autres et aussi les vôtres, je le sais, ils le savent, tout le monde le sait.

« Vous pouvez attendre deux minutes ? » dit Dorine, le regard dur et le visage soudain vieilli.

Emmanuelle acquiesça. Dorine ôta son tablier qu'elle jeta au pied de l'escalier. Elle revint assez vite avec un cahier à couverture rouge. Elle le tendit à Emmanuelle.

« Non, je n'en veux pas, je vous l'ai dit, je n'ai aucun titre à faire effraction dans son intimité, c'est l'objet même des assises.

– Ce n'est pas son carnet, mais le mien. »

Emmanuelle ne bougea pas.

« Prends-le. »

Emmanuelle cala le carnet contre sa poitrine et remonta la glissière de sa combinaison.

« Demain, c'est le dernier jour. Rouvière n'est pas un optimiste. Si ton fils ne lâche pas un peu de lest, tu ne le reverras plus jamais ailleurs que dans le parloir d'Aiton. »

Elle quitta le pavillon sous une pluie fine ; la nuit était tombée et il faisait très froid. Emmanuelle s'assura que sous sa combinaison le carnet était bien protégé contre l'humidité, puis elle remit son casque et enfourcha sa moto. Pas d'éclairage, chaussée trempée, aucune assistance de conduite : une erreur de pilotage se payerait cher, peut-être par la pilote, et sûrement par l'enfant qui grandissait dans son ventre. Emmanuelle s'engagea route de Vieugy et longea la départementale avec précaution ; au rond-point, elle prit sans hésiter la sortie de l'autoroute – plus ennuyeux, mais moins risqué.

31

À Chambéry, elle fit halte au Super Tasty Food. Elle prit un menu kebab sauce samouraï avec une plâtrée de frites et un coca. Puis elle gara la moto, rangea le carnet sous la selle et pénétra dans le parc du Verney par le quai du Jeu-de-Paume. Elle retrouva son banc, posa son casque, ôta sa combinaison.

Il y avait pas mal de monde, des jeunes qui buvaient, quelques SDF et un point de deal planqué près du skate-park.

Il ne se fit pas attendre.

Emmanuelle dévorait la junk food, Alexandre l'épiait avec convoitise.

« On ne vous nourrit pas là-bas ? dit-elle entre deux bouchées.

– Si. Mais pas des kebabs. Et moi, j'aime les kebabs. Le tien a l'air bon.

– Il est succulent. Meilleur kebab de ma vie. C'est peut-être que je n'ai rien mangé depuis un petit moment. Ou que je mange pour deux, pour moi et pour lui. »

Elle pointa son ventre du doigt.

« Tu attends un enfant ? »

Il souriait.

« Disons que je suis enceinte. Je ne sais pas si je vais le garder. »

Il détourna le regard.

« Tu as raison d'y penser. C'est une décision lourde de conséquences. »

Elle acheva rapidement son kebab, but une longue gorgée de coca et se mit à califourchon sur le banc, si bien qu'elle faisait face à son profil.

« Qu'est-ce que ça te fait de les savoir heureux, soudés, comme si tu n'avais jamais existé ?

– Pas grand-chose. Faut croire qu'il a fallu que je commette le pire pour que la vie de ma mère s'arrange enfin. Que je boive comme un trou pour qu'elle cesse de picoler. Que je n'aie plus de relation avec elle pour qu'elle rencontre un mec qui la respecte. En fait, je suis plutôt content pour elle.

– Ta sœur a parlé de toi dès la première seconde.

– Arwen est à part. Je serai toujours son grand frère préféré.

– Elle n'avait pas l'air traumatisé, si cela peut te rassurer.

– Tu m'étonnes. Elle a été tant aimée…

– Pas toi ? »

Il réfléchit.

« J'ai été aimé malgré que je sois venu au monde. Il a fallu d'abord s'y faire.

– Ta mère ne t'avait pas désiré ? »

Il leva les yeux sur elle.

« Je ne sais pas. C'est à toi qu'elle a confié son carnet.

– Je l'ai pris pour lui faire plaisir. Je ne le lirai pas, je n'ai pas le droit de le lire.

– De quel droit tu parles ?

– Des lois morales de ma profession.

– Que tu as toutes enfreintes depuis un an, l'une après l'autre. De toute façon, ces lois, c'est des conneries. Vous venez quatre jours, vous écrivez quelques milliers de signes, et vos chroniques sont pires qu'un verdict. La peine sera purgée, on mourra, les jurés mourront, le jugement du chroniqueur demeure. »

Elle n'avait pas le courage de lui dire qu'elle n'était pas sûre d'écrire quelque chose.

« Admettons, reprit-il, que tu ne saches toujours pas ce qu'on peut bien écrire à mon propos. Admettons que tu envisages de ne rien écrire du tout, une façon comme une autre d'annoncer ta démission sans prendre de décision. Mais tu es une pro, Emmanuelle, la chronique, tu sais qu'elle sera écrite dans ta tête. Tu dois y penser en ce moment même. »

Qu'avait-elle à perdre à parler à un spectre ?

« J'ai plusieurs hypothèses, dit-elle.

– Donne-m'en une.

– La destruction pure. Tu es debout face à l'abîme, tu le regardes, il te regarde en retour. Tu es muet, on t'a coupé la langue. Tu es nu, on t'a ôté tes vêtements. Tu es seul, démuni, tu ne peux pas te tuer. Tu ne sais plus penser, tu ne sais qu'agir. Un homme rôde autour de toi, quelque chose en lui t'interloque, t'attire, mais quoi ? L'homme est une loque, il est presque mort. Et pourtant, il semble plus vivant que toi. Il a été d'une plus grande honnêteté que tu ne l'as jamais été, toi, alors même que sa vie a été bien plus compliquée que la tienne. Il possède quelque chose qui te manque. Ce toxico, tu le méprises et tu l'envies, tu désires en lui sa dignité d'homme. Son existence est une insulte à l'inachèvement de ton être. Pour t'approprier son âme, il faut que tu l'élimines. Tu pourrais lui tendre la main, l'enlacer, te confesser, l'écouter. Pleurer sur son épaule. Mais chacun de ces gestes t'est inaccessible. Alors, pour échapper à la chute, tu le tues. »

Alexandre avait disparu du banc, mais elle poursuivit sa démonstration à voix haute.

« Je crois que ton plan, c'est de t'absoudre du dernier sentiment humain. Surhumain ou sous-humain, peu importe. Et ton rire devant le corps inanimé d'Omar, c'est un rire de soulagement. L'espace d'un instant, tu t'es senti léger, insouciant, enfant. Seul, et libre. L'issue hors de ta peau, tu l'as cherchée en te faisant mal, mais tu l'as trouvée en donnant la mort. »

VENDREDI HUIT

32

Pour le dernier jour du procès, Emmanuelle arriva tôt. Elle s'était réveillée à sept heures trente, la nuit avait été bonne. Elle avait effectué ses routines matinales sans pause après chacun de ses gestes. La décoction de gingembre avait été bue par plaisir, et non par nécessité. Elle s'était maquillée pour la première fois depuis des semaines. Après une journée automnale, la température avait remonté ; sous le ciel clair, le printemps était bien là. Elle ne se souvenait même pas d'avoir emporté ce pantalon bleu cobalt et ce pull écru, tous deux en lin. Elle avait pris son petit déjeuner dans la courette, humant les odeurs de café, de pâte feuilletée et de plantes fraîchement arrosées. Lorsque la jeune femme de l'accueil l'avait complimentée sur sa mine, elle s'était surprise à sourire benoîtement, la main sur son ventre.

Elle n'avait pas tenté d'allumer son téléphone. Elle n'avait pas touché à son ordinateur.

Au palais, on la laissa pénétrer dans la salle avant tout le monde. Joseph Paladia, déjà vêtu de sa robe, était assis à sa place. Les doigts entremêlés sur la table où il n'y avait rien – ni dossier ni feuille –, l'avocat fixait le vide.

Emmanuelle rompit le silence. Il demeura immobile, le regard posé sur elle.

« Bonjour, Emmanuelle. Vous ne m'avez jamais raconté ce qu'il s'est passé pendant l'affaire Troadec.

– Est-ce vraiment le moment ?

– Et pourquoi pas ?

– Parce que vous préparez votre plaidoirie.

– Vous voyez, il ne peut y avoir de moment plus opportun. »

Elle se tut un instant, puis prononça, un peu plus bas :

« Ce qui s'est passé, c'est que j'aurais voulu qu'ils soient condamnés à mort. »

Le procès s'était ouvert le 22 juin 2021, moins d'un mois après le premier procès Lelandais à Chambéry. Les débats allaient durer deux semaines, et ce fut Emmanuelle qu'on dépêcha à Nantes pour couvrir cette affaire au retentissement comparable à celui qu'avait eu des années plus tôt l'affaire Xavier Dupont de Ligonnès. Les Troadec, deux parents et leurs deux enfants, avaient été assassinés puis démembrés et incinérés par Hubert Caouissin, avec la complicité tacite de la femme de celui-ci, Lydie Troadec, la sœur de Pascal Troadec, le père assassiné. Une exécution méthodique, menée de sang-froid, sur fond d'une histoire invraisemblable de convoitise, de paranoïa et de folie.

C'était une grosse affaire, de celles que Claude se gardait rien que pour elle. Ce n'était pas une question de territoire, ou en tout cas pas exclusivement. Pour tirer de l'horreur le fil d'Ariane, il fallait du doigté et de la bouteille. De toute évidence, Claude avait jugé qu'Emmanuelle serait à la hauteur. Celle-ci ne savait qu'en penser, mais de l'avis d'Abdallah comme de Jérôme, c'était la preuve que la cheffe lui faisait une confiance absolue. Accessoirement, Claude informait ainsi la rédac et le reste du monde que si elle venait à partir (les bruits à ce propos couraient sans être appuyés de la moindre preuve), Emmanuelle devrait assurer la relève. Ce n'était pas rien, c'était même tout. Ils avaient bu un petit verre de Pét-Nat' pour célébrer ce passage de flambeau informel.

Emmanuelle arriva à Nantes le lundi 22 juin. La clinique près de Barcelone venait de leur confirmer leur rendez-vous du 12 juillet. À Nantes, il faisait froid, il faisait beau ; la vie était belle, Emmanuelle planait.

« J'avais appris que j'y allais le jeudi d'avant. Je n'avais eu ni le temps ni l'envie de procéder comme à mon habitude : éplucher tout ce qui avait été écrit sur le sujet, me rendre sur place la veille, me faire ma petite idée. Mon corps était à Nantes, mon esprit ailleurs. »

Elle n'avait lu l'ordonnance de mise en accusation que la veille dans le train. Lu, un bien grand mot. Parcouru, plutôt. On avait tant parlé de cette affaire qu'elle avait l'impression de la connaître jusque dans les moindres détails. Les faits étaient établis, les aveux faits. On tenterait d'évaluer la responsabilité de Lydie Troadec, de comprendre la psyché des deux accusés, Lydie et Hubert, avant de se faire à l'idée qu'une part d'eux resterait incompréhensible, inaccessible, à eux-mêmes comme aux jurés. Il prendrait perpète, elle aurait cinq ans max.

« Je ne vais pas vous raconter le procès, Joseph. Tout était glaçant, la personnalité de l'accusé, le démembrement des enfants, et plus encore cette ambiance rance, pourrie jusqu'à la moelle, de ces familles qui existent en huis clos, cruelles et maltraitantes sous le vernis des bonnes valeurs catholiques. Ce genre de voisins qu'on croise devant chez eux sans soupçonner le drame qui se joue de l'autre côté de la palissade. Je le connais, tout ça, je l'ai vu tellement de fois. J'ai passé une partie de ma vie professionnelle à pratiquer la mise à distance et la suspension du jugement. Je sortais du premier procès Lelandais, c'était l'enfer, ce mec, mais je ne m'étais pas laissé faire. Je croyais avoir tout vu. Mais là… je ne sais pas. J'ai été prise dans la lessiveuse sans comprendre ce qui m'arrivait. C'est la première fois de ma vie que je ressentais une haine à l'état pur. Je les aurais étranglés de mes mains. Et je ne parvenais pas à prendre la moindre distance avec cette rage viscérale. J'écrivais dans un état second. Je ne me corrigeais pas. Les articles paraissaient le lendemain, je ne les lisais pas. Puis il y a eu un tournant. »

Le 2 juillet fut entendue Renée Troadec, la belle-mère d'Hubert Caouissin – l'assassin – et la mère de Pascal, la victime. Une vieille peau sèche et maligne, sans l'ombre d'un remords ou d'un affect. Même dans ce genre d'affaire, on n'en voyait pas souvent, des numéros dans son genre.

« Une putain de vieille psychopathe, qui a tout fait pour conforter son gendre dans son délire. Elle ne s'était même pas présentée à la barre, elle déposait en visio. Et vous savez, Joseph, on a beaucoup écrit là-dessus, mais ça te fout un choc quand tu vois une mère sur le point de justifier l'horreur commise par son gendre, persuadée qu'au fond, son fils, sa belle-fille et ses deux-petits enfants découpés en morceaux et roulés dans la chaux avaient eu ce qu'ils méritaient. »

Elle n'avait pas écrit de chronique ce soir-là. La déposition des psychiatres, deux experts reconnus qu'elle admirait, était prévue pour le lendemain. Emmanuelle comptait sur eux pour remettre ses idées en place, reprendre la plume. Mais leurs explications sur la fatalité du crime, *la folie raisonnante,* l'altération du discernement lui apparurent comme une sorte de délire. Un délire factice, nocif, corrupteur. Le soir, dans sa chambre d'hôtel, elle rumina sans fin les mots des psychiatres à propos du mobile de l'assassin : légitime défense délirante.

Était-ce à cause des traitements hormonaux de stimulation ovarienne qu'elle était à ce point à fleur de peau ? La nuit, elle rêva qu'elle s'introduisait chez l'accusé, sa femme, la vieille, et qu'elle les étranglait à mains nues, l'un après l'autre.

Elle écrivit sa chronique au petit matin. L'envoya. À midi, elle n'était toujours pas publiée. À treize heures, alors qu'elle partait déjeuner, elle reçut un coup de fil de Claude. « J'arrive », dit-elle, et elle raccrocha.

« Chaque chroniqueur judiciaire prie pour que ce jour n'arrive jamais », conclut Emmanuelle.

C'est avec une tendresse infinie que Paladia lui répondit :

« Vous avez écrit : "Hubert Caouissin ne mérite pas moins que la peine de mort." »

Emmanuelle s'entendit rire.

« Vous êtes le premier à prononcer face à moi ces mots à voix haute. En me regardant dans les yeux. Les autres, ceux qui l'avaient lu, ils n'en parlaient pas. J'ai été renvoyée à Paris. Claude m'avait promis une conversation qui n'a jamais eu lieu. À la rédac, on ne me regardait plus, on me parlait entre les dents. Même Jérôme faisait la gueule. On disait de moi que j'étais devenue de droite, comme ma femme. La veille de mon départ en Espagne pour l'insémination, j'apprends que j'ai été écartée de l'équipe qui devait couvrir le procès du 13 novembre. »

Derrière eux, la salle commençait à se remplir. La voix de Joseph Paladia, que rien ne pouvait étouffer, couvrit le bruit de la foule :

« S'il n'est ni assez stupide ni trop présomptueux pour comprendre ce qui se joue, chaque journaliste sait très bien que ce qu'il fait est moralement injustifiable. »

Emmanuelle sourit à la citation que tous les chroniqueurs judiciaires connaissaient par cœur.

« Savez-vous ce que Claude répondrait à cela ? *Pas de pitié pour les médiocres.* »

Dans le cloître, elle se pencha sur une Clio noire, appuya son front contre la carrosserie poussiéreuse. Pendant quelques instants, elle demeura dans cette bulle, d'amples inspirations gonflaient ses poumons d'air tiède.

Elle n'avait jamais raconté cette histoire. Tout le monde la connaissait, mais personne ne la tenait d'elle.

Elle se rendit compte que sa gorge faisait comme des petits bruits rauques. Elle riait. Un poids tombé de ses épaules. Maintenant qu'elle gisait sur le bitume, près des pneus rincés de la Clio noire, l'Erreur, immense en elle, s'avérait de la taille d'un caillou.

Elle se redressa, s'autorisa à rire pour de bon.

Tout ça pour un caillou.

« Si vous êtes ici, c'est que ce n'est pas la fin », avait dit Paladia.

Il fallait y retourner. Depuis le seuil, elle observa la salle Antoine-Favre pleine à ras bord – on s'était pressés pour écouter le professeur qui avait tant de fois touché du doigt ce qui tenait lieu d'âme aux criminels les plus impénétrables.

Elle passa à côté de son ancienne place, occupée par quelqu'un d'autre que Lucrèce, puis elle avança jusqu'au deuxième rang où elle avait pris l'habitude de s'asseoir, à côté de la mère d'Alexandre Bataille. La place de celle-ci était vide, Dorine n'était pas venue.

33

Le professeur Rouvière voulut confier à la cour son agacement : le *timing* de sa déposition était pour le moins inconvenant. La mission d'un expert est de donner matière au débat contradictoire. Et la voilà qui tenait lieu de point d'orgue ! Au nom du bon déroulement de la justice, il exhorta les jurés à accorder à ses conclusions un juste crédit, ni parole d'évangile ni simple témoignage. Le président, qu'en sa qualité de maître des horloges Rouvière visait ostensiblement, ne releva pas. Le professeur replaça alors une dernière fois la mèche folle qui lui donnait des airs de Christopher Lloyd dans *Retour vers le futur*, ancra ses mains de part et d'autre de la barre et procéda à son discours.

Il commença par décrire longuement la personnalité d'Alexandre Bataille, qu'il jugea schizotypique à composante psychopathique.

« Ce jeune homme est incapable d'affects. Sa froideur est extraordinaire. On a l'impression que chez lui, tout glisse comme une goutte d'eau sur de l'inox. Rien ne l'atteint. Ce manque d'empathie et de retour critique sur ses propres actes est extrêmement inquiétant. Je ne vois pas bien sur quoi on pourrait travailler sur le plan psychothérapique. Si l'on ajoute sa mauvaise réponse aux différentes lignes de traitement, je crois qu'on peut dire que l'espoir est mince. »

Emmanuelle songea que ces traits sonnaient comme autant de vices, et les conclusions comme un verdict. Ses mots étaient si durs et sans appel que la première question de Bérénice Bérézeau parut vouloir les tempérer :

« Professeur, ce que je vais vous demander est extrêmement important. Vous intervenez en clôture des débats. Votre parole aura donc nécessairement beaucoup de poids pendant la délibération. Pensez-vous que la personnalité de l'accusé correspond à celle d'un tueur en série ? La raison de ma question est simple, permettre aux jurés de jauger le risque de récidive. »

La question sembla plonger Rouvière dans un grand embarras.

« Je vais essayer de répondre aussi clairement que possible. Prenons l'exemple de la tentative de meurtre. Deux jeunes hommes rentrent finir la soirée chez l'un d'eux, ils s'enivrent. Dans un monde normal, il y a trois cas de figure : un, ils ont une relation sexuelle ; deux, si l'un refuse mais que l'autre en a toujours envie, cela se termine par un gros malaise ou au pire une dispute ; trois, si l'un refuse et l'autre réagit mal, on peut imaginer une bagarre ou un viol. Mais on n'attaque pas un homme juste parce qu'il refuse des avances, et surtout pas neuf mois après avoir tué un premier homme.

– Donc, ses pulsions de mort vous amènent à penser qu'il aurait tué encore et encore s'il n'avait pas été empêché ?

– Les pulsions, madame, je ne sais pas ce que c'est. C'est l'accusé qui les évoque, mais on n'est pas obligé de le suivre. J'ai une pulsion, je me scarifie : cela, je le conçois. Hop, j'ai une pulsion, je viole un enfant, j'assassine une famille ? Pardonnez-moi, mais c'est une tautologie scientifiquement indéfendable : on explique un mécanisme par le mécanisme lui-même. Comme le délire, la pulsion nous permet de nous représenter quelque chose d'inconcevable : la force de nécessité qui anime le criminel jusqu'à commettre l'acte. Mais n'oublions pas que cette nécessité est purement interne à celui qui le commet, ni nous autres ni la justice ne sommes liés par elle. Un homme, ça s'empêche. En fait, ce genre de crime n'a rien de pulsionnel. Permettez-moi de formuler une hypothèse : M. Bataille a tué pour ne pas se tuer lui-même. À un âge aussi jeune, il couvait un mal-être déjà si puissant que ce meurtre a été pour lui comme une sortie par le haut. »

La salle était à présent traversée par une agitation palpable.

Joseph Paladia se leva.

« Vous évoquez dans votre rapport d'expertise la présence de traumatismes dont l'accumulation aurait conduit cet enfant à penser que le monde ne lui devait plus rien, et qu'il ne devait plus rien au monde. Mais cet enfant n'a pas été maltraité. Il a été malade, il l'est toujours. Ce qui arrive à des millions d'enfants qui ne tuent jamais.

– Vous savez, maître, on vit les choses différemment. Certains subissent les pires sévices et s'en sortent. D'autres sont irrémédiablement affectés par un mot de travers entendu à huit ans. Certains traversent des guerres et des génocides et gardent, à la fin, leur cap. D'autres se lacèrent les poignets dans leur banlieue riche et chic parce qu'ils s'ennuient et que l'ennui leur est insupportable. Aussi insignifiants que soient les événements qu'a vécus M. Bataille, ils ont produit des effets puissants et durables sur sa personnalité.

– Mais quels sont-ils, ces événements ? Son père l'a corrigé à la ceinture, mais je vais vous dire, le mien aussi. Et sa mère, elle a été présente, aimante.

– Aimante ? C'est quoi une mère aimante ? »

Il tourna les yeux vers la salle, et Emmanuelle fut frappée par l'extrême inquiétude qu'elle y lut.

« J'ai entendu ce qu'en disait Alexandre. Il ne parle de sa mère que pour dire que c'est une sainte et que ce n'est pas sa faute. Cette ritournelle va de pair avec un rejet intégral de son père. C'est une structure typique chez les tueurs en série. Mon collègue Daniel Zagury appelle cela un matricide déplacé.

– Mais les victimes sont des hommes, pas des femmes !

– Laissez-moi finir, maître. Les enfants qui n'ont aucun conflit avec leur mère, cela n'existe pas. Le conflit fait partie d'un rapport sain. Quand je l'entends parler de sa mère, on dirait un automate. Il déroule un discours. Soit il dissimule, soit – et c'est plus probable – la vérité, il se la cache à lui-même. Pour lui, son corps n'est pas entièrement séparé du corps de sa mère. Interrogez-moi sur ma mère, et j'aurais mille reproches à lui faire, mille souvenirs de disputes, j'aurais un monde à vous raconter, et je finirais par éclater en sanglots, parce que ma maman est morte il y a vingt ans et depuis, pas un jour ne se passe sans que je pense à elle, parce que personne, jamais, n'a pris soin de moi comme elle l'avait fait. La mère d'Alexandre, c'est dommage, n'est pas dans la salle, mais je vais le dire comme si elle était là : votre fils s'est scarifié à huit ans, et qu'avez-vous fait ? Rien, rien du tout. J'ai lu votre déposition, vous reprenez les paroles de votre fils à votre compte ! Madame, quel genre de relation avez-vous avec votre fils pour agir comme si sa réalité délirante était la réalité tout court ? Si je pouvais vous le demander, voici ce que je dirais : si la même chose arrivait à votre fille ou à votre petit dernier, s'ils se lacéraient les poignets, le dos, les hanches, les cuisses, que feriez-vous ? »

Il ôta ses lunettes, baissa la tête, se frotta les joues.

« Mais lâchez donc les mères. »

C'était prononcé tout bas, presque un murmure, mais dans le silence de mort, chaque mot s'était détaché avec clarté.

Toutes les têtes se tournèrent vers Emmanuelle, car c'était elle qui avait parlé.

Ils la regardaient et, à côté d'elle, ils regardaient la place vide qu'avait occupée Dorine, et qu'elle n'occupait plus.

34

Emmanuelle était encore sous le porche quand Lucrèce la rattrapa.

« Tu ne restes pas pour les plaidoiries ? »

Emmanuelle nota les cernes, les pupilles vacillantes, la ride verticale à la racine du nez.

« Je ne t'ai pas vue ce matin, dit-elle.

– Je suis restée au fond. Arrivée trop tard, pas de place.

– Il y avait une place à côté de moi.

– Je pensais que Dorine Bataille finirait par arriver.

– Eh non. »

Il y eut un silence qu'aucune des deux femmes n'était pressée de rompre.

« Tu n'as pas répondu à mon message d'hier, finit par lâcher Lucrèce.

– Je ne l'ai pas reçu. Mon téléphone est mort.

– Je te proposais de dîner. Tu veux déjeuner ?

– Quand, tout à l'heure ?

– Oui, avant le réquisitoire. On peut aller dans mon Airbnb. J'ai plein de restes. »

Au moins, c'était direct. Emmanuelle posa les yeux sur son visage fatigué, remarqua au coin de la lèvre un tremblement, glissa vers la base du cou couverte de plaques rosacées.

« Ok. Rendez-vous devant la Fnac à treize heures ? »

La brune força un sourire.

« Très bien. Je m'en réjouis. »

La voyant retourner vers le palais sa clope électronique vissée aux lèvres, Emmanuelle songea qu'elle devrait lui dire, plus tard, peut-être au déjeuner, qu'elle ne pouvait pas se réjouir de tout à tout bout de champ, c'était obscène, à la fin.

Elle retrouva la moto là où elle l'avait laissée la veille, rue Jean-Pierre-Veyrat, en face de la pizzeria. Elle monta, sans casque, sans veste, sans protection. Elle n'avait jamais fait ça.

Elle prit la même sortie que la veille au soir, attentive cette fois aux panneaux indiquant Aix-les-Bains. Soleil haut, air transparent, pas la moindre brise, route déserte, des montagnes tout autour, quel kif, quel kif de rouler comme ça, absolument vulnérable, absolument libre, quelle connerie aussi, mais quel kif.

En s'approchant d'Aix, elle bifurqua vers le lac du Bourget et laissa sa moto au parking. Elle emprunta le chemin qui longeait d'un côté les berges et de l'autre une succession sans fin de buvettes et de restaurants. La promenade était envahie par les familles. Des enfants, à vélo, en trottinette, en poussette, bruyants, agités, indomptables. Des enfants blancs, des enfants blonds, surtout. Emmanuelle s'arrêta devant une guinguette dont elle étudia la carte, la vache, les prix étaient pires qu'à Paname. Elle laissa son regard se perdre dans le champ de blondeur ; combien de ces parents n'étaient pas les parents biologiques des enfants qu'ils choyaient et chérissaient ? Il devait y en avoir, c'était statistique. Alors, pourquoi ça ne se voyait pas ?

Combien de ces enfants auraient une destinée remarquable ? Une vie normale, avec des hauts et des bas ? Combien finiraient en prison ? Combien, parmi ceux-là, tueraient quelqu'un ? Combien deviendraient tueurs en série ?

C'était Emmanuelle qui avait posé la question la première : « Diane, tu es bien placée pour savoir que la PMA pour toutes, *ton* combat, sera adoptée en septembre, pourquoi irait-on au Danemark ou en Espagne alors qu'on pourra la faire en France ? » Diane avait secoué la tête. « Tu ne te rends pas compte, cela prendra des années aux hôpitaux de traiter l'afflux de demandes, on prévoit des files d'attente de deux ans, on manquera de moyens, de budget… »

Constance, sa gynéco, avait tenté de l'en dissuader, mais Emmanuelle s'était laissé convaincre par sa femme. Elles étaient d'accord sur l'essentiel : choisir un donneur qui accepterait d'être contacté par l'enfant dont il serait le géniteur. Emmanuelle avait alors observé qu'elle ne voulait rien en savoir de plus. Diane lui avait tourné le dos, comme elle le faisait quand elle n'avait pas envie qu'on lise l'expression de son visage. « Quel est le problème, l'anonymat ? » Diane gardait le silence. Emmanuelle avait haussé le ton : « Quoi, tu as peur qu'il ne soit pas assez blond pour ta famille ? » Elle n'était pas loin de prononcer les mots *Aryens* et *racisme larvé* quand sa femme lui avait fait face :

à la vue de son visage tordu de chagrin, Emmanuelle s'était tue. « C'est toi qui le portes, on fera comme tu veux, avait dit Diane. – C'est parce que je suis rousse et que tu es blonde ? Tu traînes encore cette obsession de la copie ? – Non, ce n'est pas ça, avait répondu Diane avec la placidité qui, chez elle, dissimulait les plus grandes rages. Ce que je veux, c'est voir le visage du donneur. Tu crois que c'est la roulette russe, qu'on va faire ça à l'aveugle ? Si tu étais hétéro, tu te laisserais faire un gosse par un mec que tu n'as jamais vu ? Tu fermerais les yeux, toi, sur la manière dont il te regarde, sur la ligne de son front, la grimace que fait sa bouche ? Si ? – Non. – Alors je ne vois pas pourquoi nous le ferions. On s'est battues pendant des années pour ces droits, et on devrait renoncer à choisir celui qui, parmi les géniteurs, nous déplaît le moins ? »

Emmanuelle avait scruté trop de visages de criminels pour se montrer sensible aux arguments de sa femme – ce ne sont pas les traits physiques qui structurent le vice, c'est même l'inverse. Mais l'idée de déceler, dans le visage encore informe du bébé, l'empreinte d'une physionomie rencontrée aux assises l'épouvanta. Elle céda.

Après la fausse couche, sa femme la consola tendrement, quoique sans jouer les prolongations, avec en somme la même sécheresse affairée que lorsque Emmanuelle lui avait annoncé qu'elle avait été mise au ban de la rédac – elle lui avait dit alors : « Ce n'est pas plus mal, ton esprit sera plus libre ainsi. » Diane lui proposa très vite de planifier le deuxième essai. « Nous rentrons dans la période préélectorale, ajouta-t-elle, je ne serai pas en mesure d'y aller avant Noël. Mais comme tout est déjà calé, vas-y seule, histoire de ne pas perdre de temps. » Emmanuelle fut saisie d'un rire incrédule, puis, lorsqu'elle comprit que Diane ne plaisantait pas, elle s'écria : « Mais tu es malade, on y va toutes les deux ou on n'y va pas du tout ! – Ok, répondit Diane avec son petit air furieux, si tu parviens à réserver la semaine entre Noël et Nouvel An, je viendrai. » La semaine était bloquée le soir même.

Emmanuelle n'avait jamais eu plus de trois jours de retard, et pourtant, elle n'avait pas prêté attention à l'absence de ses règles. Sa femme rentrait alors qu'elle était déjà couchée, et son chauffeur l'attendait en bas de chez elles alors qu'Emmanuelle venait juste d'éteindre l'alarme de son réveil, si bien qu'en ce mois de janvier sans lumière, Diane avait pris l'allure d'un fantôme. Emmanuelle était épuisée comme elle ne l'avait jamais été auparavant. La stimulation ovarienne lui paraissait peu de chose en comparaison de cette fatigue débilitante, de ces coups de barre à toute heure, de cette lassitude qui gâtait le goût des choses aimées.

Le 30 janvier 2022, la mort dans l'âme, elle partit à Grenoble couvrir le procès de Nordahl Lelandais pour l'enlèvement et le meurtre de la petite Maëlys. Elle songea qu'à son retour, elle irait voir quelqu'un pour commencer une thérapie ou n'importe quoi d'autre.

À Grenoble, elle se sentit vraiment bizarre, comme un bocal empli à ras bord dont le couvercle va sauter d'un instant à l'autre. Après l'épuisement, vinrent les nausées. C'était le soir des aveux de Lelandais – des demi-aveux arrachés sur la tangente par son propre avocat. Elle acheta un test, pissa, attendit : positif. Il fallait appeler Diane, oh, pas tout de suite, dans quelques heures, quand elle aurait achevé la chronique qu'elle ne parvenait pas à écrire. Le téléphone sonna quelques minutes plus tard, sur l'écran s'afficha la photo de sa femme.

« J'ai quelque chose à t'annoncer », dit celle-ci sans la saluer.

Emmanuelle se tendit. Depuis le cancer de sa sœur, elle ne supportait plus les surprises.

« Je rejoins la campagne du PR. »

Horrifiée, soulagée, Emmanuelle cherchait ses mots.

« Je me doutais que ça allait finir comme ça, articula-t-elle enfin, s'efforçant de garder un ton léger. Ça change quoi au juste ? Je ne te vois déjà plus.

– Cela implique que je ne pourrai pas m'absenter une semaine pour retourner en Espagne avant l'été. Pour le troisième essai. »

Diane croyait donc que le deuxième avait échoué et qu'Emmanuelle ne lui avait simplement rien dit. C'était le moment de cracher le morceau, mais ses cordes vocales avaient été comme cousues entre elles.

« Je vais prendre une circo. »

Silence, encore.

« Emma, j'ai un peu l'impression de parler toute seule. Bon, autant le dire tout de suite : la deuxième circonscription du Calvados. »

Du Calvados.

« Impossible d'avoir Paris. Je me suis battue pour Caen, au moins j'y ai un ancrage local. »

Ancrage local.

« Félicitations, murmura Emmanuelle. C'est une belle marque de confiance.

– Ce n'est pas fait. Tu sais comment ça fonctionne, le darwinisme préélectoral : on promet la circo à trois personnes, puis on voit qui parvient à neutraliser qui. Cette circo-là est tenue par le PS depuis 81. Bon, il y a eu une brève incursion de l'UDF, mais le gars était un centriste social, plus à gauche que le PS d'aujourd'hui. Et la sortante, élue et réélue depuis 2007, vient d'être réinvestie. Alors, à moins qu'il y ait un accord pour les législatives entre le PS et la France insoumise… et ça, c'est impossible. Heureusement qu'il y a Florence. Elle connaît tout le monde. Elle sera mon atout numéro un. Je pense en faire ma directrice de campagne. Une entrepreneure issue de la société civile, c'est comme un retour aux sources ! »

Emmanuelle eut l'impression fugace que de l'autre côté du fil, ce n'était pas sa femme, et que la Florence dont elle parlait n'était pas sa mère.

Diane devait filer. Emmanuelle ne la retint pas.

À son retour à Paris, elle prit rendez-vous avec une gynécologue qu'elle n'avait jamais consultée auparavant et qui recevait dans un quartier où elle risquait peu de croiser Diane ou quelqu'un de sa connaissance. Elle ne dit rien du test sanguin qui avait confirmé la grossesse, ni de l'échographie et du petit truc sur l'écran, ni du battement cristallin que produisait le petit truc, ni du dépistage sanguin de la trisomie qui se révéla négatif.

Date de l'accouchement prévue pour le 1er octobre.

Ses seins menus restaient menus, et son ventre plat, musclé, sur la défensive. À peine une teinte bordeaux sur les aréoles.

La semaine précédant le procès Bataille, elle avait passé un coup de fil à Constance.

« Ramène tes fesses, avait tranché sa vieille amie. On va s'occuper de toi. »

35

Sa montre indiquait midi trente. Il était temps de retourner à Chambéry.

Elle remonta sur la bécane et roula à toute berzingue.

L'étourdissement, la cavale. Risquer tout pour pas grand-chose.

À l'entrée de Chambéry, c'était l'embouteillage. Elle filait entre les voitures, à la parisienne, souriait aux visages furieux et aux injures muettes.

Elle s'imagina qu'on venait de toute la Haute-Savoie pour entendre, tout à l'heure, le réquisitoire de Bérénice Bérézeau.

L'anglaise fila droit vers Le Savoyard, et Emmanuelle se gara à l'endroit où elle l'avait prise à Karine.

Il était treize heures.

Devant la Fnac, une brune l'attendait.

La porte de l'immeuble était ouverte. Emmanuelle donna plusieurs coups sur la porte à la peinture écaillée. Bruit de pas, la porte s'ouvrit. Si Karine était surprise de la voir, elle n'en laissa rien paraître.

« Merci, c'était dingue. »

Elle lui tendit les clefs.

« Je t'avais dit le soir, pas à midi ! Tu aurais pu t'amuser encore un peu.

– Ce soir, je ne peux pas. J'ai une invitation, de celles qu'on ne refuse pas.

– C'est quoi, une invitation qu'on ne refuse pas ? »

Elle rit en rangeant les clefs.

« Tu gardes le casque et la combi en gage ? »

Emmanuelle répondit qu'elle lui ferait porter dans l'après-midi. Karine rit un peu plus bas. Elle sortait tout juste de la douche, ses cheveux étaient humides, un tee-shirt long sur une culotte et rien d'autre.

Elle s'éloigna dans le salon et tira les rideaux, la lumière tomba d'un coup. Sa culotte était blanche, en coton.

« Et là, maintenant, tu as une invitation que tu ne peux pas décliner ?

– Rien qui ne puisse s'arranger en un coup de fil. »

Deux bougies furent allumées, et le salon s'enlumina d'ombres.

« Tu le passes, ce coup de fil ?

– Plus tard, il n'y a pas urgence. »

Karine corrigea le tomber d'un rideau qui laissait passer un filet de lumière.

« On n'est pas là pour leurs fantasmes », dit-elle tandis qu'elle s'approchait d'Emmanuelle.

Plus tard, dans la chambre, quand Emmanuelle s'éveilla, une main caressait son ventre, une main qui n'était pas la sienne.

« Rond, dur, doux. Il est parfait, ton bidon. Le rêve de toute femme. »

Dans la pénombre, Emmanuelle rougit, fit diversion :

« Tu as quelqu'un, en ce moment ?

– Disons que ça tourne.

– C'est bien. Fais tourner.

– J'ai le temps.

– Tu as quel âge ?

– Vingt-sept.

– Sans blague ?

– Quoi, tu me donnais combien ? »

Emmanuelle ne répondit pas, Karine explosa de rire.

« Je savais que tu me donnais plus ! La restauration, ça use. Tu as quel âge, toi ? Trente ? Allez, trente-deux ?

– On m'a toujours prise pour une gamine. Trente-six.

– Ah, je vois. Trente-six, Parisienne, ne dit rien de sa vie, me pique ma moto, garde mon casque.

– Je ne suis pas parisienne.

– Oui mais t'es à Paris depuis combien de temps ?

– Quinze. Bientôt seize.

– Ben tu vois. Enfin, Manu la Parisienne, tu sais maintenant qu'à Chambéry, tu as un endroit où crécher et un engin à monter. Tu reviens quand tu veux. »

Karine ouvrit les rideaux, Emmanuelle se leva d'un bond et s'approcha de la lumière, les yeux sur sa montre.

« Et merde. Il est déjà dix-neuf heures ? On a dormi tout ce temps ?

– On avait besoin de dormir, on a dormi. C'est ton invitation que tu ne peux pas décliner ?

– Oui, c'est maintenant. Et toi, tu n'as pas une soirée ?

– Tranquille. Qu'est-ce que je peux faire pour que tu te détendes ? »

Emmanuelle ne réfléchit pas longtemps.

« T'as un costard ?

– Quel genre de costard ?

– Un truc classe. Et sexy. Et des pompes aussi. À talons, si tu as. En trente-sept.

– Ce sera du trente-huit. C'est où, ton truc ?

– Rue Vaugelas, c'est loin ?

– Non, c'est à deux minutes. Bouge pas. Tu veux prendre une douche ?

– Je ne vais pas avoir le temps. Je dois faire un détour par le palais. »

36

Tandis qu'elle s'avançait vers le portail, Emmanuelle se rendit compte qu'elle arrivait trop tard. Elle croisa quelques poignées de personnes dont les visages fermés lui disaient vaguement quelque chose ; de toute évidence, elles rentraient chez elles après le verdict. Des pompiers remballaient du matériel dans un camion stationné devant le portail clos. Sans doute un malaise. Emmanuelle songea qu'elle en apprendrait davantage à la réception chez les Despine-Découz et rebroussa chemin.

Dans une rue étroite, elle s'arrêta devant une grille. Une clameur lui parvint au loin ; elle sonna. En attendant qu'on vienne lui ouvrir, elle boutonna sa veste et ajusta son pantalon sur les Buffalo à talons de douze centimètres débusqués dans le coffre à chaussures de Karine. Le claquement net de souliers sur les pavés l'emplit d'allégresse. À Despine-Découz fils qui traversait la courette, elle sourit, les yeux fixés sur le somptueux complet en laine à gros carreaux marron et jaunes :

« Emmanuelle, quelle joie de vous voir ! Vous arrivez à point, papa ne va pas tarder à servir ses côtes de bœuf.

– Votre père cuisine ?

– Je vous défie de goûter une viande mieux apprêtée que la sienne. La découpe, c'est toute une tradition, pour ne pas dire un spectacle !

– Je ne voudrais pas manquer cela. »

Il lui montra le chemin vers la maison et s'en retourna à la grille, accueillir d'autres invités qui venaient d'arriver.

Un escalier de bois sombre menait à une terrasse flottante bordée d'arbres centenaires, comme il n'y en avait presque pas dans le vieux Chambéry, tout d'alcôves et de venelles. Surmontée sur sa gauche par un kiosque d'acajou, elle débouchait à l'opposé sur un étang artificiel, à la surface duquel flottait un jardin miniature. De grandes tablées recouvertes de nappes blanches accueillaient boissons et zakouskis. Des touches d'ocre et de rouge sarde agrémentaient le rendu japonisant de couleurs locales, les grands volets de bois ornaient la façade de touches bleu parme, comme la pochette de soie sur la veste de son hôte.

Emmanuelle s'arrêta devant l'entrée de l'hôtel particulier. À travers le portail grand ouvert, elle nota les bibliothèques, les tableaux, les sculptures, et à l'intérieur d'elle l'embarras qui montait doucement, ce même embarras qui ne l'avait jamais quittée depuis qu'elle avait pénétré pour la première fois dans la demeure d'Oscar Dô. À la différence que ce vendredi 8 avril, l'embarras ne lui faisait plus rien, il n'avait sur elle pas plus de pouvoir que le souvenir d'une inimitié qu'on avait nourrie autrefois à l'endroit d'une personne désormais morte.

Des invités circulaient par petits groupes entre la terrasse et les salles de réception, d'autres avaient pris place dans les fauteuils disposés un peu partout, mais ce fut dans le kiosque, à l'écart de la foule, qu'elle reconnut des visages familiers.

Comme elle avançait vers eux, l'aspirant député s'écria :

« Ce smoking, quelle beauté ! Vous devez absolument me donner l'adresse de votre tailleur.

– Zara pour le smok, H&M pour le gilet, et pour les sous-vêtements, je ne peux rien vous donner du tout car je n'en porte pas. »

R2D2, assis dans un fauteuil Louis XV tapissé de satin jaune canari, riait plus fort que les autres.

« Emmanuelle, je suis absolument ravi de vous compter parmi nous, fit-il en se levant, non sans peine. Nous avons cru que vous étiez repartie par le train de quinze heures, et je dois vous dire que cette pensée m'a causé bien du chagrin. »

Emmanuelle parcourut les visages, ils avaient tous le même regard légèrement inquisiteur.

« Je subodore que votre chère épouse est retenue par ses obligations parisiennes ?

– Elle est très occupée à donner un second mandat au premier homme de France.

– Oh, quel courage, quel sacrifice. Nous sommes tous en pensée avec elle, et avec lui bien entendu. »

Emmanuelle plongea des yeux narquois dans ceux de son hôte, deux globes mobiles et vifs noyés dans les chairs amollies. Il savait qu'elle savait qu'il n'avait jamais voté pour le PR et ne voterait jamais pour lui, et le sourire qu'ils échangèrent était celui d'une connivence dans ce bref moment de farce. R2D2 pressa sa main dans les siennes et pria ses convives de l'excuser.

« Je dois aller m'occuper de mes côtelettes. »

Emmanuelle se laissa tomber dans le fauteuil libéré par Despine-Découz père et prit un verre d'eau sur le plateau prestement tendu par le garçon en livrée. À gauche de l'aspirant député, Lucrèce, vêtue d'une combinaison en soie pourpre, entourait le bras d'un homme qu'Emmanuelle ne connaissait pas. Veste en laine, gilet en velours, chevelure soyeuse d'un châtain doré, il avait l'exacte dégaine qu'elle lui avait imaginée.

« Quentin, mon époux, dit Lucrèce sans la regarder.

– Très heureux, dit Quentin. Je connais bien Diane.

– Tout le monde connaît Diane.

– Comment cela se présente-t-il à Caen ?

– Pour elle, je ne peux rien vous dire, vous n'êtes pas sans savoir qu'elle n'a pas encore été officiellement investie. Mais pour son parti, c'est mal barré.

– Oh, vous exagérez.

– Pas du tout, Quentin. Chez nous, on a horreur des parachutages.

– Je croyais qu'elle était épaulée par la section locale.

– La section locale, c'est ma mère.

– Donc tout va bien !

– Ma mère, oui, elle aurait des chances d'être élue. Mais ce n'est pas ma mère qui se présente. »

Il y eut un blanc, comme ces points d'orgue qui succèdent à un revirement aux assises, puis une femme avec de faux airs de Carole Bouquet asséna d'une voix chevrotante :

« Je vous trouve très anxieuse, mademoiselle. Nous allons y arriver, hein, à nous mettre d'accord entre nous pour donner un gouvernement d'union au président de la République.

– Vous, je ne sais pas, mais moi, c'est madame. Ou Emmanuelle, si vous préférez. Et puis, de quel président parlons-nous, du sortant ou de l'entrant ?

– Mais enfin, c'est la même chose !

– Ah bon, moi je croyais qu'il y avait des élections ce dimanche. »

Quentin vola au secours de Carole Bouquet :

« Ce que Valérie veut dire, c'est que tout se jouera au second tour, et il n'y a pas vraiment de suspense de ce côté-là.

– Vous savez, je suis une enfant de 2002. J'ai toujours un sursaut d'effroi à l'idée de jouer le second tour avant d'avoir passé le premier.

– Emmanuelle a raison, renchérit l'aspirant député. Je suis sur le terrain tous les jours, et ce que je peux vous dire, c'est que nous sommes en train de perdre les Français.

– Et vous n'y êtes pas pour rien, n'est-ce pas, Franck ? Ça passera encore une fois ou deux, mais après, ça ne passera plus. *Tout sauf le RN*, mon cul oui. »

Les yeux ronds de stupéfaction, l'aspirant député s'accrochait à son sourire ; l'un après l'autre, Emmanuelle parcourut leurs visages du regard :

« Pardonnez-moi, j'avais oublié qu'entre gens de bonne compagnie on n'abordait pas ce genre de questions. »

Quelqu'un avait ri ; c'était Lucrèce. Elle fixait Emmanuelle d'un regard sombre, furieux, et elle riait. Emmanuelle éprouva tout à coup une grande lassitude – aux assises comme ailleurs, les gens s'accrochent à ce qu'il leur reste, elle se cramait pour rien.

Voyant Paladia avancer vers le kiosque, elle bondit de

son fauteuil et, allant à sa rencontre, elle se jeta presque dans ses bras.

L'avocat lui sourit, puis annonça aux autres qui les observaient en silence :

« Mes chers amis, je dois vous emprunter Emmanuelle. Elle a une chronique à écrire. »

Il lui offrit son bras, ils s'éloignèrent.

Elle demanda :

« Ai-je parlé trop fort ? »

Il répondit :

« On ne parle jamais trop fort de ces choses-là. Et puis, ce franc-parler vous sied à merveille. »

Ils pénétrèrent dans la salle de réception.

Paladia lui offrit un rapide tour du propriétaire. Bois miel, murs terre-de-Sienne, marbre et tentures bordeaux : les salles du rez-de-chaussée évoquaient tellement le palais de justice que la demeure de Despine-Découz aurait pu en être une annexe. Sur les murs, là où il n'y avait pas de livres, des portraits de famille, quelques natures mortes, et c'était tout. Ni ornements ni passementeries, la déco était sobre, si bien que les tenues des convives paraissaient, en contrepoint de l'épure, assez clinquantes.

« Son père avait horreur de tout ce qui brillait, dit Paladia lorsqu'ils s'arrêtèrent devant le portrait de trois quarts d'un homme fort d'épaules.

– Il n'a pas l'air commode.

– Je vous le confirme. Mais au barreau, on rend encore hommage à son œuvre de bâtonnier, et on étudie encore ses traités de droit. »

Il n'y avait rien à ajouter, alors ils passèrent dans le petit salon qui jouxtait la bibliothèque. Il n'était meublé que d'un long piano à queue d'un bois roux, presque rouge.

« Alors, Joseph, ce verdict ?

– Après un petit verre que je vais nous chercher de ce pas.

– Pas d'alcool pour moi. »

Tandis qu'il s'éloignait, elle se tourna vers le piano et se mit à le caresser, hypnotisée par la parfaite régularité du bois laqué et le miroitement des reflets acajou. Elle lut, gravée au-dessus du clavier en lettres ivoire, l'inscription : « Steinway & Sons. Patent Grand. New York. »

« Superbe instrument, n'est-ce pas ? »

La voix l'avait d'abord surprise, comme s'il était contre nature qu'elle résonne ici, et avec ces mots. En chemise blanche, jean et baskets, le président était méconnaissable, si ce n'étaient les lunettes rondes sur les yeux rieurs.

« Sonne-t-il aussi bien qu'il est beau ?

– Maintenant, oui. C'est un modèle de 1901, le C-227, il a fallu le restaurer pièce par pièce. La vérité, c'est qu'aucune corde, aucun marteau n'est d'origine.

– Vous avez l'air de savoir de quoi vous parlez.

– Un peu que je m'y connais. Je l'ai trouvé puis fait restaurer par les meilleurs maîtres d'art.

– Et on dit que la justice manque de moyens !

– Disons que j'ai été le directeur artistique et René-Robert le financeur et l'utilisateur final. Attendez qu'il vous dégaine ses standards après son sixième calva.

– Vous par contre, vous êtes à l'eau.

– N'oubliez pas que je suis en terre ennemie. Là on est copains parce qu'on est vieux, mais quand j'étais au Syndicat, lui, il était au GUD. »

Il rit, tout cela n'avait plus d'importance.

« Dites, vous n'étiez pas au délibéré ? Ni au réquisitoire. Vous n'étiez pas du tout là, en fait.

– On ne peut rien vous cacher, Jean-Marc Verlaine.

– Avez-vous pris connaissance du verdict ? »

Joseph Paladia revenait avec les verres. Il tendit la gazeuse rondelle à Emmanuelle et posa sa main libre sur l'épaule du président.

« Allez, messieurs, crachez donc le morceau. »

Les deux hommes échangèrent un regard.

Paladia parla en premier :

« Après que Jean-Marc a lu la décision du jury, il y a eu un moment extraordinairement émouvant. La preuve que tout n'a pas foiré, pardonnez-moi l'expression. La famille d'Omar Khan est venue à Alexandre, et ils l'ont pris dans leurs bras. Tout le monde pleurait.

– Et Alexandre Bataille est venu voir Joseph pour le remercier de sa plaidoirie », ajouta le président.

Elle les regarda, interdite.

« Et la peine, alors ? Combien ?

– Trente ans. »

Elle recula d'un pas, une main pressant sa bouche, l'autre son sternum.

« Trente ans ? Comme Hubert Caouissin qui a exterminé une famille entière de sang-froid ? Dix ans de plus que Lelandais pour le meurtre du caporal Noyer ? Attendez, je ne comprends pas, le jury n'a pas admis l'altération du discernement ?

– Si. Mais ils n'ont pas accordé la réduction de peine.

– Et pour Saïd Missaoui, ça veut dire qu'ils ont retenu la préméditation ?

– Oui, alors que Joseph l'a lui-même écartée.

– En accord, bien entendu, avec mon client ! précisa l'avocat.

– Trente ans, répéta Emmanuelle.

– Cinq ans de plus que ce qu'avait requis Bérénice. »

Emmanuelle braqua les yeux sur le président.

« Comment avez-vous pu laisser faire ? »

Il écarta les bras et dit d'un air triste :

« Il arrive que les présidents soient mis en minorité. Dites-vous qu'il a échappé de peu à la perpétuité. »

Emmanuelle songea que si elle se laissait aller aux pleurs, elle ne pourrait plus s'arrêter, leur torrent l'emporterait dans son courant. Elle déglutit, releva la tête, se reprit. Ce n'était pas le moment, d'autant que le président venait de partir précipitamment, comme s'il voulait éviter l'homme à grosse moustache et cravate rouge sur le point de se joindre à leur petit groupe.

« Emmanuelle, je vous présente le bâtonnier. Mon cher Gérard, Emmanuelle Borgia est l'une des meilleures journalistes de sa génération. »

Elle serra la main qu'il lui avait tendue, et la douceur de sa peau de vieillard acheva de l'apaiser.

« Je ne suis pas un fana de vos chroniques, mais vos portraits sont remarquables, dit le bâtonnier à Emmanuelle. Si tout se déroule comme nous le souhaitons, dans deux mois, vous écrirez celui de mon successeur ! »

Sourire complice, accolade à Joseph. Celui-ci se dégagea délicatement de son étreinte et lança à la cantonade :

« Allons prendre l'air, mes amis, après tous ces jours enfermés, nous avons besoin de vert. Et de barbecue ! »

Ils traversèrent le jardin d'hiver planté, sous une verrière monumentale, d'une végétation luxuriante. Dressés sur la terrasse de briques rouges et ocre, trois immenses barbecues à bois enfumaient le jardin ceint de chênes et de pins parasols. Vêtus de toques et de tabliers, Despine-Découz père et fils manipulaient à l'aide de pinces un amoncellement surnaturel de viande. Les convives se massaient autour des engins, et les deux hommes surjouaient de bonne grâce les cuistots chevronnés sous les applaudissements de cette audience improvisée.

Paladia la conduisit à l'écart, loin de la nourriture.

« Le bâtonnat, Joseph ? Et vous m'aviez caché cela ?

– Ce n'est pas encore fait, ma chère, et puis ce n'est pas l'objet de votre séjour.

– Moi, je voterais pour vous.

– Ce n'est pas un droit auquel tu as accès. Dis-moi, plutôt, quand aurai-je le plaisir de lire ta chronique ? »

Peut-être était-ce le tutoiement ou peut-être que Joseph Paladia s'était-il enfin décidé à faire tomber son masque, mais il parut un autre homme, plus émotif, un rien fébrile.

« Je ne pense pas l'écrire. Je vais quitter la rédac. Et quoi que j'écrive, ses trente ans, il les fera.

– Non. Il en fera douze ou treize, quinze tout au plus. Il sera dehors avant ses quarante ans.

– Qu'est-ce que tu veux que j'écrive ? Qu'on espère tous qu'il se trouvera une autre vocation que le meurtre ?

– Quand les assises ne font pas leur job, le journaliste doit faire le sien ! »

C'était elle, à présent, qui esquiva :

« Joseph, j'ai besoin de manger.

– Je vais chercher deux assiettes.

– Bien cuit pour moi, s'il te plaît. »

Elle profita de son absence pour ôter ses Buffalo, le cuir des lanières lui avait tailladé la peau des chevilles et de petites taches rouges constellaient les manches de sa veste. Emmanuelle plongea ses pieds nus dans le gazon déjà humide de la rosée du soir, les larmes montèrent de nouveau, c'était si bon.

Quand elle se releva, Lucrèce se tenait devant elle, sa pochette en lin serrée sur le ventre, les coins de la bouche affaissés en un pli amer.

« Tu n'es pas venue. »

Emmanuelle ne répondit pas.

Lucrèce regarda par-dessus l'épaule d'Emmanuelle comme si elle venait de remarquer un visage connu, celle-ci se retourna, mais il n'y avait personne.

« Alors, dit-elle en secouant ses pieds engourdis, tu vas le faire, ce livre ?

– Je ne sais pas. Tout dans cette histoire est cruel, triste, banal. Rien à quoi s'accrocher.

– Parce que Dostoïevski, c'est spectaculaire ?

– Non, mais il donne la clef, et il nous laisse l'espoir d'une rédemption.

– Mais, Lucrèce, dans la vie, les réponses sont rares et les rédemptions n'existent pas. »

La brune s'approcha si près qu'Emmanuelle respira les effluves de santal et de rose qui émanaient de son cou.

« Sais-tu ce qu'il s'est passé pendant le délibéré ? murmura Lucrèce.

– Quoi, la réconciliation générale ? Les embrassades ? C'est bien pour conclure une chronique. Mais pas la mienne.

– Je ne te parle pas de ça. La mère, Dorine, elle s'est

effondrée. D'abord elle pleurait juste, mais après, elle s'est jetée par terre et s'est mise à se taper la tête contre le sol. Ses hurlements, je ne les oublierai jamais. Les flics ont appelé les pompiers, on l'a ceinturée, on lui a fait une piqûre, on l'a emmenée. »

Son front touchant presque celui d'Emmanuelle, Lucrèce souffla :

« Fallait-il qu'il tue pour qu'enfin elle le regarde ? »

Puis elle recula d'un coup, se recroquevilla et porta les mains à ses tempes ; sa tête dodelinait de droite à gauche, et ce balancement creusa entre les deux femmes un abîme qu'Emmanuelle n'avait pas le désir de sonder. Elle chercha des yeux Joseph Paladia. L'avocat était un peu plus loin, absorbé par une conversation avec un groupe de personnes élégamment vêtues, il lui tournait le dos. Emmanuelle lança à Lucrèce :

« Attends une seconde, je vais nous apporter de quoi manger, sinon je vais m'écrouler. »

Elle se fraya un chemin jusqu'à la table où des mains gantées servaient sur de belles assiettes blanches la viande encore bleue. Elle grinça des dents, puis, prise par la faim, saisit une tranche à pleines mains et la dévora sur place. Le jus de viande coula sur le revers en satin, goutta sur son pantalon et ses pieds nus.

Lucrèce l'avait suivie avec une bouteille et deux verres ; la crise était passée, à présent elle semblait en proie à une triste mélancolie.

« Tu sais, lui dit Emmanuelle, cela ne m'étonne pas trop que la mère se soit effondrée. Je suis allée la voir la veille. Elle vit dans un monde parallèle. Elle a toujours vécu dans un monde parallèle. La tête dans le sable, comme une autruche. »

Lucrèce porta le goulot à la bouche, se mit à siffler le rosé à même la bouteille, Emmanuelle entendit nettement le liquide pulser dans sa gorge. La brune s'essuya les lèvres du revers de la main, puis demanda :

« Et toi, ta mère, elle est comment ? »

Emmanuelle ne put s'empêcher de sourire :

« Elle est bien, ma mère. »

Lucrèce pleurait, alors Emmanuelle prit sa main dans les siennes et la caressa doucement.

37

L'idée surgit – folle, chimérique, irrésistible. Elle ne chercha pas à la réprimer.

Pour soumettre l'idée à l'épreuve de la vérité, elle devait lire le carnet de Dorine. Mais si elle en lisait un seul mot, elle ne serait plus habilitée à écrire sa chronique, du moins en vertu des dernières lois auxquelles elle acceptait encore de se plier.

D'abord, la chronique, puis le carnet.

Ayant achevé l'inévitable tournée d'adieux, elle quitta la demeure des Despine-Découz et retourna à l'hôtel. Elle marcha pieds nus dans les rues de Chambéry, son smoking souillé de sang et de graisse, les pavés encore tièdes du jour évanoui. Elle se sentait bien. Elle ne s'était pas sentie aussi bien depuis… depuis un an. Depuis son séjour, ici même, avec Diane, après la clôture du procès de Nordahl Lelandais pour le meurtre du caporal Arthur Noyer.

Elle monta dans sa chambre, prit une douche, se changea, enfila son Levi's, un tee-shirt blanc, ses vieilles Disruptor craquelées de partout. Elle emballa avec soin le casque, la combinaison, les Buffalo qui pesaient une tonne.

Roula le smoking et le gilet en une boule qu'elle tassa dans la corbeille à papier, sous le bureau. Le paquet et l'ordi sous le bras, elle descendit à la réception où elle fit expédier les affaires de Karine chez elle, place Monge. Puis, attablée dans la cour avec un jus de tomate, elle écrivit sa chronique. Cela lui prit deux heures. Elle la relut, l'édita, corrigea les coquilles et l'envoya à Claude sans commentaire.

La patronne ne la publierait sans doute pas. Mais elle la lirait.

Il était déjà minuit lorsqu'elle ouvrit le carnet, seule dans sa chambre, installée dans le fauteuil près du bureau. L'écriture était nette, haute, penchée sur la droite. Il n'y avait pas une faute. La première entrée datait du 10 août 2001, Alexandre devait avoir quatre ans. Ils étaient encore trois, le père, la mère, l'enfant, et tous trois étaient en vacances sur une côte – laquelle, Dorine ne le précisait pas. Seulement comprit-elle qu'ils logeaient avec la famille de Dorine, et que celle-ci était née pas loin de cette plage dont elle remarquait par touches les changements survenus en vingt ans – plus bondée, plus sale, plus pauvre. L'espace d'un instant, Emmanuelle crut lire les notes d'une vieille bourgeoise en villégiature et pensa même refermer le carnet – laisser tout cela derrière elle, dormir douze heures – quand la note prit une tournure plus précise.

Ils sont sur la plage, une autre famille vient s'installer à quelques mètres. Cela ne les dérange pas. Dorine en tire d'abord un certain plaisir, un événement venu briser l'ennui de rester allongée, seule, pendant que Bertrand érige et détruit des châteaux de sable avec leur fils. Elle examine ses nouveaux voisins, la femme, l'homme, les deux enfants. Deux garçons, le plus jeune un peu plus âgé qu'Alexandre, six et quatre, ou sept et cinq tout au plus. D'abord, elle ne regarde pas les deux garçons, juste la femme, elle examine son corps qu'elle trouve parfait, un corps fin et musclé, une silhouette d'athlète, le chignon impeccable et déjà gris, le bikini noir transparaissant sous une robe ajourée, les innombrables bagues et les épaisses créoles en forme de cœur. L'homme, étendu à ses côtés, poilu, bronzé, gros, ouvre une bière qu'il boit d'un trait, débouche la suivante à peine la première achevée. Dorine scrute le visage de la femme, et soudain sa maigreur lui semble exprimer tout autre chose que le soin et la beauté : elle doit boire, et fumer aussi, elle a les traits ternes et, quand elle appelle ses fils, elle a la voix éreintée d'une fumeuse alcoolique. Ils ne doivent pas habiter les beaux quartiers, dégaine de prolos, alors d'où sortent ces casquettes Ralph Lauren et ces mocassins bateau aux pieds des gosses ? Et la grosse montre au poignet du monsieur ? Commerçants ? BTP ? Dorine n'a pas le loisir de poursuivre son travail d'analyse sociale, car il se produit quelque chose d'inhabituel. Le plus jeune des garçons commence à crier. Ses hurlements sont insupportables, ils lui fendent le cœur. Il s'agite dans tous les sens, puis se jette dans le sable, tape des pieds, sa tête tournoie comme la boule d'un bilboquet ; quand sa mère s'approche de lui et tente de le prendre dans ses bras, il se met à la frapper, la griffer, la pincer, la mère ne dit mot, patiemment elle cherche la meilleure prise pour l'enlacer sans qu'il se blesse ou la blesse elle. Comme l'enfant plaque ses mains contre ses oreilles et se blottit contre sa mère, elle finit par trouver : elle l'enlace. Cette patience et l'assurance calme de ses gestes disent que ce n'est pas la première fois que son plus jeune fils traverse pareille crise, ce n'est même pas la dixième, mais une fois de plus dans une série infinie dont elle a perdu le compte, et son mari aussi vu la manière dont il empoigne son aîné et l'expédie loin de sa mère dans le bateau gonflable bleu et jaune, puis, il se rassoit comme si de rien n'était avec une nouvelle bière décapsulée d'un pouce expert et ce n'est sans doute pas la dernière fois que la mère serre l'enfant contre elle et fort, fort elle le serre, aussi fort qu'elle le peut, se balançant doucement, le berçant pendant une éternité, ses lèvres bougent – chantonne-t-elle ou parle-t-elle un langage accessible qu'à eux seuls –, mais le garçon finit par se laisser faire, plus exténué qu'apaisé. À côté de Dorine, quelques badauds se massent devant la famille comme devant un spectacle. De la conversation de deux femmes plutôt respectables, elle attrape quelques mots au vol : signes caractéristiques, forme sévère, automutilation et, plus globalement, pauvre enfant, pauvre maman, ça va être compliqué.

Dorine tourne la tête, là où à côté d'un château de sable inachevé son mari explique les choses à Alexandre. Et le garçon, avec cet air de recueillement taiseux et scrutateur que Dorine lui connaît depuis ses premiers jours d'existence, se met à se balancer doucement, ses mains se détachent de ses cuisses et grimpent aux oreilles qu'elles tâtent à la recherche de la bonne position, de la position semblable à celle des mains de l'autre enfant. Son corps tout entier se projette dans le mime. Et alors, Dorine écrit cette phrase qui clôture la première entrée dans son journal, peut-être a-t-elle eu cette réflexion au moment où elle regardait son fils, ou un peu plus tard dans la journée, ou, plus probablement, au moment où elle a décrit la scène avec une précision chirurgicale. Mais chaque mot en est pesé : « Si mon fils souffrait comme lui, peut-être que je l'aimerais aussi bien qu'elle. »

Emmanuelle referma le carnet et le rangea dans sa valise. Puis elle ouvrit son ordinateur et écrivit un mail à Claude : « Ne publie pas ma chronique. » Avant de l'envoyer, elle consulta, par acquit de conscience, le site du journal : tout en haut de la page d'accueil, sous un cliché générique de prétoire qui n'était pas la salle Antoine-Favre, Emmanuelle vit le titre de son article : « Sept hypothèses sur la personnalité d'Alexandre Bataille. » Elle cliqua dessus, parcourut la page à la recherche de corrections de fond : il n'y en avait pas. Moins d'une heure après sa publication, le compteur affichait plus de deux cents commentaires. Avant d'éteindre son ordinateur, elle lut la réponse de Claude : « Pourquoi diable n'aurais-je pas dû la publier ? Elle est très bien, ta chronique. Je t'embrasse, on se voit lundi au bureau. »

Emmanuelle se déshabilla et se coucha, ses yeux chassant les lames de lumière nocturne sur le plafond velouté. Elle posa la main sur son ventre et, comme en réponse au toucher, il durcit.

SAMEDI NEUF

38

Au réveil, elle tenta de ranimer son téléphone pour la millième fois. Cette fois, l'appareil répondit, l'écran s'alluma. Les notifications pleuvaient. François Calamatta lui annonçait qu'il était cloué au lit, positif au covid, trop affaibli même pour une simple promenade. Il lui recommandait de faire la boucle des Hauts de Chanaz sans lui, la vue était superbe et le parcours ne présentait pas de grandes difficultés. Elle lui souhaita un prompt rétablissement. Pour seule réponse, il lui demanda si elle avait lu son article d'après le verdict, la chronique finale. Elle répondit : « Oui, je l'ai lue. » Trois petits points apparurent sur l'écran, il écrivait un message. Elle ferma la chambre, descendit dans le salon de l'hôtel, remit la clef à la réception, et ce fut seulement à ce moment-là qu'elle reçut sa réponse : son ami lui avouait sans détour que la sienne lui avait déplu.

« Le moins qu'on puisse dire, c'est qu'on n'a pas assisté au même procès », disait le texto qu'achevait le smiley pensif, dans sa version monocle.

« Et c'est heureux ? » répondit-elle en espérant qu'il n'irait pas plus loin. Mais le message qu'il lui envoya ensuite était sans appel : il pensait qu'elle se trompait lourdement, lui reprocha ses absences, son jugement partial, son manque d'empathie pour les victimes. Pendant que l'homme à la réception clôturait son dossier, elle rédigea une longue réponse dont elle avait soupesé chaque mot :

« Ce n'est pas à nous de nous faire les porte-voix des lamentations, du désir de revanche, des terreurs collectives. Une chronique est un récit subjectif, partial et littéraire de la manière dont la justice a été ou n'a pas été rendue. Le procès d'Alexandre Bataille est passé à côté de la seule personne qu'il devait juger : Alexandre Bataille. Je partage ton avis sur ce point et sur ce point seul : nous ne saurons jamais *qui* est cet homme, *pourquoi* il a commis ces crimes. Mais on peut faire l'effort de comprendre. Il reste que nos hypothèses, les miennes comme la tienne, ne remplaceront pas la loi. Et la loi, François, tu peux la tordre dans tous les sens que tu veux, elle ne dira jamais qu'un homme qui a tué une fois est un tueur en série empêché. Or c'est ainsi qu'il a été jugé. »

Elle se relut, puis effaça son brouillon sans l'envoyer.

Elle sortit de l'hôtel, s'engagea rue Juiverie, tourna un peu plus loin rue du Sénat-de-Savoie. Un vague à l'âme lui serra la poitrine, une curieuse nostalgie éveillée par l'odeur de café et de pizza industrielle. Au lieu de continuer sur la place de Genève, elle tourna à droite et ressortit place de l'Hôtel-de-Ville. Cette ville qu'elle était sur le point de quitter lui apparut dans sa parfaite étrangeté. Barricadée derrière ses atlantes de roche et de glace, elle se montrait avec ses visiteurs tour à tour distante et courtoise, sans jamais les laisser boire à sa source ou s'approcher trop près de son jardin secret.

Devant l'église Notre-Dame de Chambéry, elle consulta sa montre ; il lui restait presque une heure avant son train de onze heures vingt. Elle avait le temps d'y faire un saut, maigre compensation de la messe de dix-sept heures qu'elle manquerait cette fois.

Au pupitre, une femme lisait un texte qu'un chœur assez fourni ponctuait de répliques chantées. Avec ses allures romanes, ses murs auxquels les mains jésuites avaient communiqué leur rigueur sans clémence, cette église était infiniment plus modeste que la blanche Saint-François-de-Sales à quelques centaines de mètres de là. Constamment détournée de ses fins sacrées par les soubresauts de l'histoire profane, l'église avait, après la dissolution en 1773 de l'ordre des Jésuites, servi tour à tour d'hôpital pour les blessés de la Révolution puis de refuge populaire. Était-ce pour cela qu'Emmanuelle s'y sentait comme dans un lieu vivant, et non comme dans un musée ou un tombeau ?

Elle s'avança dans la nef. Les premiers rangs étaient occupés par une foule compacte. Au dernier rang, de l'autre côté de la travée, Emmanuelle vit trois femmes noires, la grand-mère, la mère et la fille ; derrière elles se tenait, debout, une femme rom enveloppée dans un ample foulard coloré, un volumineux sac couché à ses pieds. Une dizaine de rangs vides séparaient ces quatre femmes des fidèles assis tout devant. Emmanuelle vint se placer à côté de la femme rom et ferma les yeux.

Quand elle les rouvrit, la Rom n'était plus là, il avait pris sa place. Il fredonnait une mélodie familière qui entrait en dissonance avec les répons du chœur. Chante moins fort, dit Emmanuelle. Il ne répondit pas. Elle l'examina : il portait une sorte d'ample froc blanc qui lui tombait jusqu'aux pieds, son visage avait retrouvé le masque cireux de leurs premières entrevues.

« La première de tes sept hypothèses sur ma personnalité, c'est que je suis une sorte de Henry McHenry, le personnage masculin toxique dans *Annette*. L'analogie me flatte ! J'aurais tant aimé comprendre, comme lui, ce qui cloche au plus profond de moi.

– Ce savoir t'est inaccessible, tu le sais bien.

– C'est que personne ne m'a encore immortalisé dans une œuvre d'art. Raskolnikov n'était-il pas lui aussi minable ? On ne sait jamais ce que nous réserve la postérité littéraire. Elle ajoute toujours ce petit truc qui manque à la vie. Je vais profiter de l'oisiveté de mes vingt-huit prochaines années pour m'essayer à un rôle. »

Et il chanta à gorge déployée : *Perché en haut d'une falaise, au-dessus de l'abîme profond et de son attrait impérieux, Dieu sait que j'ai lutté de toutes mes forces, alors, horrifié et soulagé, je plonge mes yeux dans l'abîme, le sombre abîme…*

« Avoue, reprit-il d'une voix normale, que tu n'aurais pas commis la même chronique si tu avais eu le courage de lire, avant de l'écrire, le journal de ma mère. »

Elle ne répondit pas.

« *L'Inconditionnalité sans amour* ou *Faut-il un meurtre pour éveiller le cœur d'une mère* auraient pourtant fait d'excellents titres. On t'aurait encensée, on t'aurait maudite. Partir sur une telle note ! Un sublime chant du cygne. »

Il était désormais accoutré d'une combinaison orange, comme dans les séries américaines.

« Mon cas est finalement assez simple. Je suis un pauvre

type sans imagination que la société n'a pas aidé à trouver un autre idéal de vie que le meurtre. C'est ton hypothèse préférée, n'est-ce pas ? »

Emmanuelle se taisait.

« Dit ainsi, ça manque un peu de panache. Heureusement que tu ne t'arrêtes pas en si bon chemin ! Tu écris : "On ne saura jamais si Dorine avait compris, en rentrant chez elle, que son salon avait été le théâtre d'une tentative de meurtre, comme on ne saura jamais si son fils lui avait confessé, et dans quels termes, ce qu'il avait fait à Saïd et à Omar, mais s'il lui avait avoué, si elle savait, alors son déni à la barre est moins la preuve de sa personnalité manipulatrice que celle d'un instinct maternel inaltéré par la distance et le désamour." Quelle prodigieuse lucidité !

– Est-ce cette preuve que tu recherchais en semant la mort ?

– Je ne peux rien te dire, Emmanuelle, tout commence et tout s'achève aux assises. Mais je trouve que ça sauve bien les meubles, et pour ma petite postérité littéraire, c'est un riche début. »

Au pupitre, la lectrice évoqua les chemins de lumière et les chemins vers la mort.

« À toi d'honorer la promesse que tu m'as faite sur le banc du parc du Verney. Quand as-tu voulu connaître ce que cela fait de tuer quelqu'un ? »

Emmanuelle sortit de l'église. Il était temps d'aller prendre le train, pour lequel elle n'avait pas de billet. Une dernière fois, elle traversa le parvis du palais de justice, un clin d'œil à la statue d'Antoine Favre et un baiser aérien pour chacune de ses deux gardiennes. Puis elle se coula dans la rue de la gare.

Elle occupait un carré vide en première classe, cala sa valise sur le siège en face, et sortit de son sac le premier tome du livre que lui avait offert Lucrèce. Peut-être qu'elle en lirait une cinquantaine de pages pendant le voyage. Elle en avait envie. Mais elle savait qu'une chose allait l'en empêcher. Elle prit son téléphone et composa le numéro de sa femme.

Diane décrocha à la première sonnerie et parla immédiatement :

« Je t'ai laissé pas moins de dix messages… »

D'abord sourde et sèche, sa voix se brisa.

« J'ai eu ta mère. Tu devrais rentrer. »

39

Son histoire avec Consuelo s'était achevée comme elle avait commencé : en une heure. Trois ans dans un tourbillon de feu et de cul, une flopée de nouveaux amis, beaucoup de sexe, plus encore d'alcool, un peu de drogue, et presque pas de sommeil. Tous les jeudis chez Margot. Mais à Oscar Dô, elle ne donnait aucune nouvelle, malgré les messages, les appels en absence, les billets passés par l'intermédiaire de Caro.

Le coup de fil de Consuelo l'assomma, Emmanuelle n'avait rien vu venir. Elle se mit au lit et ne se releva plus. Ne fit plus de piges, laissa le loyer impayé. À Margot, qui se disait inquiète, elle écrivit qu'elle n'avait plus le courage de venir à ses soirées. Son amie lui conseilla de prendre son temps et ne s'inquiéta plus.

Caro débarqua chez Emmanuelle un jeudi à dix-sept heures, son nouveau-né dormait dans une poussette. Elle rangea, nettoya, désinfecta, lava, sécha, parfuma, puis s'occupa de sa vieille amie d'enfance. Elle vint tous les jours pendant deux semaines. Un jeudi soir, alors qu'Emmanuelle commençait à ressembler à quelque chose, elle la fourra dans un taxi à qui elle dicta l'adresse de l'avenue Émile-Deschanel.

Oscar Dô l'accueillit comme un père son fils prodigue – pas un mot de reproche. Elle revint la semaine suivante, puis la semaine d'après. Son mentor s'assura d'abord qu'elle reprît du poids, la resservant sans qu'elle s'en rendît compte, car elle tournait la nourriture dans sa bouche sans en apprécier le goût ou la texture. Il régla ses loyers en retard, la convainquit de reprendre sa chronique dans *Homo Loquax*, le temps qu'elle retrouve un vrai boulot dans une vraie rédac. Sans doute avait-il compris deux ou trois choses, car, désormais, au lieu de trouver en face d'elle des garçons bien sous tous rapports, elle s'attablait face à des filles. Des femmes, plutôt – personne n'avait rajeuni, et elle n'échappait pas à la règle. Aimables, énergiques et sûres d'elles, elles travaillaient souvent dans le monde de la presse écrite ou des médias. Elles laissaient leur carte à Emmanuelle et proposaient de lui apporter aide et conseil. S'il avait renoncé à ses velléités matrimoniales, Oscar Dô ne semblait pas se résigner à ce que sa protégée dépose ses ambitions aux pieds de la presse de faits divers. Mais Emmanuelle ne les rappelait jamais.

Un magnifique soir de mai, la femme assise en face d'elle se lança dans une coruscante apologie de François Fillon. Emmanuelle se leva de table et, s'excusant auprès de ses hôtes, sortit par la grande baie vitrée sur la terrasse pavée de vieilles pierres. Elle s'installa dans un fauteuil de jardin et alluma une cigarette. La fumée se mêla aux senteurs des arbres en fleurs et de l'herbe fraîchement coupée, l'air presque frais hérissa sa peau. Devenue pure sensation, Emmanuelle ne pensait pas à Consuelo, elle ne pensait à rien. Elle se rendit vaguement compte qu'elle n'était plus seule. S'extirpant avec peine de l'agréable langueur, elle tourna la tête. Une longue silhouette aux cheveux courts avait pris place à ses côtés. Accoudée au fauteuil jumeau, elle fumait ; à la lueur des lampes solaires Kartell, sa peau et la soie blanche de son chemisier étaient comme striées de rayures lactées. Aurait-elle porté un gousset et tiré sur une pipe, Emmanuelle aurait cru voir un spectre échappé d'un portrait de dandy du XIXe siècle.

Elles se dévisagèrent quelques instants. La femme se taisait, et Emmanuelle n'éprouvait pas le besoin de rompre le silence.

Quelques mois plus tôt, Diane était retournée rendre visite à l'oncle qui lui filait des bonbecs à sept ans, l'emmenait faire la bringue à Trouville à dix, l'avait laissée tirer sur sa première clope à onze, la couvrait lorsqu'elle faisait le mur à quinze, et qui, lorsqu'elle en eut dix-huit, lui prêta une chambre de bonne alors qu'elle entrait en prépa. Elle se dérobait ainsi à l'œil scrutateur de son père qui guettait déjà, parmi la progéniture de ses vieux amis, quelques X ou, à la rigueur, un normalien en devenir, dotés d'une génétique satisfaisante et d'un caractère pas trop emmerdant. Il ne s'imaginait pas que sa fille chérie, sa talentueuse Di, sa cavalière intrépide, pût se faire écraser par quelque goujat obsédé par sa propre carrière, les femmes, ou les deux. Il était loin de penser que ce beau-frère taciturne, pas le plus intelligent ni le plus brillant des frères de sa femme, assistait sa précieuse Di dans son œuvre de saccage.

Lorsque le père apprit que sa fille n'avait jamais fréquenté que des femmes, il n'en fit pas un drame, soulagé peut-être que la question du gendre ne se posât plus. Mais que ce gougnafier d'Oscar en ait eu connaissance avant lui ? C'était une trahison personnelle. La nièce et l'oncle s'accordèrent sur les vertus pacificatrices d'une pause. Puis il y eut la prép' ENA, le déménagement à Strasbourg, le décès brutal du grand-père maternel et les querelles d'héritage qui s'ensuivirent. Quelques années passèrent avant que Diane, sortie depuis dans la botte, abandonne l'encombrante posture de loyauté et renoue avec son oncle adoré.

Savait-elle, en acceptant son invitation ce soir-là, qu'elle trouverait chez lui Emmanuelle ? Avait-elle fait le lien entre la protégée de son oncle et cette jeune femme, aperçue il y avait déjà une vie, où elle était venue chez Margot, nippée comme une lady du Sussex ? De cette histoire, personne n'aurait jamais le fin mot.

Diane finit par prononcer une banalité et, de loin en loin, une conversation s'engagea. Elle ralluma une clope, en sortit une autre, l'alluma à la sienne, la tendit à Emmanuelle, la fit parler. Comme Emmanuelle évoquait ses piges pour la presse de faits divers, Diane lui dit qu'elle était une fervente lectrice des chroniques judiciaires, celles de Pascale Robert-Diard, bien sûr, mais aussi de tous ces nouveaux blogs qui proliféraient sur la toile, Maître Eolas, la Plume d'Aliocha, et son préféré, total what-the-fuck, les chroniques de Maître Mô – volubiles, pathétiques, superbes. Emmanuelle fumait en silence. Elle n'avait jamais entendu aucun de ces noms, à part celui, inévitable dans la profession, de la chroniqueuse du *Monde*. Pour cacher sa honte, elle interrogea Diane. Que faisait-elle dans la vie ? Celle-ci répondit brièvement, sans effusion. Énarque, conseillère d'État, à présent conseillère au cabinet de la garde des Sceaux. Elle avait le regard aigu, la voix coupante et le rire des filles de bonne famille passées par Franklin, Ginette, les scouts, le caté, les rallyes. Emmanuelle eut l'impression de rapetisser un peu plus. Elle n'avait pourtant pas si mal démarré, il fut un temps où elle avait eu de l'ambition, comment les choses avaient-elles pu dérailler ? Elle aurait pu tout mettre sur le dos de Consuelo, mais Consuelo ne lui avait jamais demandé de renoncer à vivre. Sans s'en apercevoir tout à fait, Emmanuelle se laissa aller à son Bourdieu de comptoir et prononça des mots comme reproduction sociale, culture légitime, habitus de classe, qu'elle finit par ponctuer, sans savoir comment et surtout pourquoi – elle qui portait dans sa poche le vieux chapelet de son père –, du mot « curé ». C'est alors que, ayant écrasé d'un geste brusque sa cigarette contre le pied du fauteuil, Diane se déplia de tout son corps, immense tour sombre dressée à contre-jour. Elle expédia un crachat sur les pierres de la terrasse et, les pupilles incendiées, elle cingla : « Tu sais ce que je leur fais aux curés ? Je les emmerde. » Elle se rassit, ralluma une cigarette. Emmanuelle ne disait rien, la regardait, médusée. Diane pivota légèrement le menton, lui offrit son profil.

« S'il y a une chose dont il ne faut pas me parler, Emmanuelle, c'est les curés. »

Elles demeurèrent longtemps dans le paisible soir près du Champ-de-Mars où leur parvenaient comme de très loin des éclats de voix, le chuintement assourdi des quais de Seine. Aucune brise ne troublait plus l'air immobile du soir, comme si le vent, ainsi que le font la justice et la loi, contournait avec précaution les hauts murs renfermant en leur sein le pouvoir, la jouissance, les secrets.

Oscar avait passé une tête par la baie ouverte.

« J'ai sorti une vieille prune, les filles, vous venez ? »

Elles se levèrent l'une après l'autre, Emmanuelle d'abord, comme surprise la main dans le sac, et Diane ensuite, lente et déliée, puis elles pénétrèrent dans la salle de réception où les autres convives, installés dans des fauteuils tapissés de toile de Jouy, se ravageaient la gorge à coups de gnôle. La groupie de Fillon avait dû partir plus tôt. À l'entrée des deux femmes, on avait fait silence. L'oncle mentor leur offrit des verres à liqueur remplis d'un doux liquide ocre, elles burent en même temps. Le silence, les regards braqués sur elles, le sourire d'Oscar resté debout : Emmanuelle se dit qu'il venait de se produire quelque chose d'important.

Deux jours plus tard, tandis qu'elle réécrivait pour la millième fois un SMS qui ne trouvait pas grâce à ses yeux, elle vit apparaître celui de Diane : « Mon ami Jérôme me fait savoir que Claude agrandit son équipe. J'ai naturellement pensé à toi. Un café ? »

Elles prirent un cocktail au bar du Mandarin. Diane était venue sans sac ni veste, car elle devait repasser à la Chancellerie, à deux pas de là. Sans préambule, elle parla affaires. Elle connaissait Jérôme Dorckel depuis la maternelle, il avait suivi la gauche au *Figaro* avant de passer sous le pavillon de Claude, auprès de qui il couvrait tout ce qui avait trait au terrorisme et à la politique de la justice, la grande comme la petite. Il venait d'avoir un enfant et ne pouvait plus faire le tour de France des sous-préfectures pour chroniquer les assises. Et puis, il n'avait jamais aimé ça, les assises. D'ailleurs, il devait arriver d'un instant à l'autre, Emmanuelle n'y voyait-elle pas d'inconvénient ? Celle-ci n'eut pas le temps de songer à la nature du malentendu qui avait transformé un *date* en entretien d'embauche – le journaliste venait de les rejoindre. Jérôme observa Emmanuelle. La chronique judiciaire, lui dit-il, était l'inverse d'une science exacte, Claude n'était pas du genre à regarder le pedigree d'un candidat, mais à lire ce qu'il ou elle avait écrit, à lui parler, à jauger son humanité, bref, à tester son *approche*. Diane conclut : « Tu dois postuler. Ton œil est mordant, et tu écris bien. »

L'espace d'un instant, Emmanuelle oublia Claude, la chronique judiciaire, Jérôme, sa carrière, tout. Comment Diane avait-elle pu lire ses articles ? Elle les signait de ses seules initiales. C'était du bluff, du pur bluff d'énarque ! La réponse de Jérôme lui parvint comme dans le brouillard : l'échantillon que Diane lui avait envoyé n'était pas mal du tout et maintenant qu'il l'avait rencontrée, il pensait que ça pouvait *matcher*. Il passerait sa candidature à Claude, il lui fallait juste un CV et quelques mots d'introduction. Emmanuelle, dont les réserves d'orgueil n'avaient pas encore retrouvé leur niveau d'avant Consuelo, ne sut pas trouver les mots en réponse à ceux qu'eut Diane, ferme et souriante :

« Cessons donc de parler d'Emmanuelle comme si elle n'était pas là. »

Elle n'eut pas le job. Mais quatre mois plus tard, Jérôme la rappela : la journaliste choisie par Claude retournait finalement à son ancienne rédac. Claude souhaitait la rencontrer.

Entre-temps, avec Diane, les choses s'étaient enchaînées : dîners en tête à tête, expos, théâtre, verres tardifs, baisers de minuit sur les quais, week-end dans une boutique-hôtel près d'Arles. Elles prenaient leur temps, comme les garçons et les filles un siècle plus tôt. Emmanuelle n'eut aucun mal à percevoir, derrière ce schéma traditionnel, les mécanismes qu'elle avait étudiés pour son mémoire « Habitus de classe, classer les habitus : des conséquences de la naturalisation sur la reproduction chez Pierre Bourdieu ». Si elles n'avaient pas été lesbiennes, on aurait pu les prendre pour un parfait petit couple bourgeois dont l'une des parties offrait à l'autre une ascension sociale inespérée.

Des années plus tôt, cette figure imposée du patriarcat et de la bourgeoisie l'aurait révoltée. Mais Emmanuelle était très amoureuse. Elle lutta faiblement, sans conviction. Puis, d'un coup, elle céda. Elle emménagea chez Diane. Trois mois passèrent, elle se résolut à rendre l'appartement rue Greneta qu'elle n'avait jamais cessé d'occuper depuis son arrivée à Paris. Elle fit la connaissance des amis de Diane, ne les aima pas, les accepta. Reçut des cadeaux, en offrit. Se confia. Mentit, aussi. L'aima – encore.

On lui toucha l'épaule avec insistance ; Emmanuelle sortit de sa rêverie.

« Votre billet, s'il vous plaît. »

Elle n'en avait pas. Elle n'avait pas échangé celui qu'elle avait pris pour le dimanche, ni acheté un nouveau.

Tandis qu'elle insérait la carte dans la machine lui infligeant le plein tarif d'une première classe agrémenté d'une substantielle amende, elle éclata en sanglots.

La contrôleuse s'agenouilla devant elle, les deux femmes étaient seules dans le wagon.

« Ça va ? On oublie l'amende, calmez-vous. »

Emmanuelle secouait la tête, ce n'était pas ça, elle tenait à payer.

« Je suis désolée, un rien me fait craquer depuis que j'attends un enfant. »

40

Elle pénétra dans l'appartement, jeta ses clefs dans le vide-poche, laissa tomber sa valise et son manteau sur le tapis berbère. Ses baskets voletèrent à deux mètres, heurtant l'armoire parisienne. Elle fut surprise par l'odeur de cigarette, fouilla du regard le salon à travers les carreaux de la porte vitrée, admira l'ordre du foyer, les fleurs séchées dans le vase de porcelaine, le tableau d'un ami de Diane dans son cadre de bois blanc, la pile de livres sur l'escabeau Ikea peint en vert sapin, une veste en laine anthracite pendue sur une chaise chinée aux puces de Zoersel.

Elle demeura quelques instants sans bouger.

Un samedi, veille de premier tour – aucune chance que Diane soit à la maison.

La veste n'avait rien à faire là.

Elle traversa le couloir, tourna la poignée de la porte ; le parquet grinçait, la porte grinçait aussi.

Diane fumait sur le fauteuil à bascule où elle s'installait d'habitude pour lire, près du balconnet qui donnait sur la rue. Elle avait son tailleur et ses chaussures, son sac noir traînait à ses pieds, un mug sur ses genoux croisés, pas de téléphone en vue.

Elles se taisaient, elles se regardaient.

« Et quand comptais-tu me le dire ? »

Constance ? Les poubelles ? Son portable ?

« Je voudrais que tu m'expliques ceci : comment as-tu pu croire que je ne me rendrais compte de rien, alors que cet enfant, je le désire depuis que je t'ai vue pour la première fois ? »

Une pensée traversa Emmanuelle : il n'y avait jamais eu de figure imposée, Diane avait simplement eu peur.

« Cesse donc de fuir ! »

Emmanuelle baissa la tête, emmurée dans le silence.

Diane écrasa son mégot dans le mug et se leva, immense dans ses escarpins de cabinet ministériel.

« Aujourd'hui, la seule chose que je veux savoir, c'est si tu comptes le garder. »

Elle ne posa pas l'autre question : est-ce que tu veux encore de moi ?

Emmanuelle répondit :

« Je n'ai qu'une condition. Si c'est un garçon, je ne veux plus qu'on l'appelle Alexandre. »

Elle sortit son téléphone de sa poche et se leva à son tour.

« Maintenant, je vais appeler ma sœur. »

DIMANCHE TREIZE

41

Il faisait en ce dimanche de mi-novembre un temps presque estival, et les terrasses des cafés débordaient d'une foule transie de joie. Les conversations célébraient le redoux, ponctuées de commentaires navrés à propos de ce réchauffement climatique déjà irréversible. Climat ou pas, manif ou pas, on n'allait pas se gâcher un si beau jour.

Emmanuelle ne voulait pas s'éloigner trop de Châtelet, où elle devait rejoindre Diane et Ida d'abord pour le goûter, puis pour emmener sa nièce à l'école de danse à Nanterre, où celle-ci avait été admise comme stagiaire un an à la rentrée de septembre. Elle avait choisi une brasserie de la place de la Sorbonne, pour changer du Marais où elles avaient emménagé l'été précédent, et où les avait rejointes le 21 septembre un nouveau venu. Elle y était arrivée en avance, à son habitude, s'installa en terrasse, commanda un Perrier rondelle qu'elle sirota tranquillement, tandis que Paul tétait furieusement, puis, comme il s'endormait dans son écharpe contre son sein, elle rabattit le pan de coton sur son crâne minuscule et, cette fois, commanda une bière.

Lucrèce avait cinq minutes de retard. Elle débarqua comme on bondit d'un dirigeable, le manteau de laine fauve gonflé par le vent, dans un sillage familier de santal et de rose. Elle était si heureuse, cela faisait si longtemps, elle se pencha vers Emmanuelle pour la serrer dans ses bras, s'émerveilla du petit corps endormi dans le porte-bébé. Elle finit par déposer ses atours sur la chaise en face d'Emmanuelle, et celle-ci, plongeant alors le regard dans le sien, y décela une trouée d'angoisse.

Lucrèce commanda un quart de sauvignon. Emmanuelle attendit qu'elle parle.

Elle s'enquit d'abord de son accouchement et des premières semaines avec le bébé. Habituée à cette introduction ouvrant depuis un mois et deux semaines chacune de ses rencontres féminines, Emmanuelle répondit à toutes les questions avec un savant mélange de détails et d'ellipses. Forte de cet entraînement, elle n'appréhendait presque plus le moment où il lui faudrait expliquer que son séjour à la maternité avait été écourté par la mort de sa sœur. D'habitude, devant les regards embarrassés de ses interlocuteurs, elle répondait par l'affirmative à la question qui suivait toujours : sa sœur savait-elle que son neveu venait de naître ? Avait-elle pu le voir, le toucher, l'entendre pleurer ? Emmanuelle répondait oui, oui, elle l'a touché et elle a senti sa peau contre la sienne, et la personne en face d'elle soupirait, car la conversation pouvait alors passer à autre chose, loin des obsèques, du deuil, de tout ce désordre intime qui ne se raconte pas, ne s'explique pas, ne se comprend pas. Lucrèce cependant la questionna sur l'enchaînement précis des événements : attends, donc elle a été placée sous assistance respiratoire pendant que tu étais encore à la maternité, tu as pu sortir et venir la voir avec le nouveau-né, comment s'appelle-t-il déjà ? Oui, Paul, simple et beau, Paul, donc, t'a accompagnée la voir à l'hôpital alors qu'il n'avait que quelques jours, mais alors était-elle hospitalisée à Paris ou as-tu fait la route jusqu'à Bayonne ? Emmanuelle avoua dans un souffle : Agathe est morte une heure après mon accouchement, après que ma mère et mon père qui étaient à ses côtés lui ont annoncé que mon fils était né, si je te ne l'ai pas dit, si je ne le dis à personne, c'est que c'est indicible, et si je devais l'exprimer à voix haute, la conversation s'arrêterait là.

Elle se turent toutes les deux. Emmanuelle sut qu'après ce tournant, tout irait plus vite et avec moins de mots.

« Ma mère va mal. Après l'enterrement, elle s'est effondrée. Plus rien ne l'intéresse sinon le souvenir de ma sœur. Si nous n'étions pas là pour elle, mon père et moi, elle se laisserait mourir.

– Et Paul ? Son petit-fils ne lui offre-t-il pas une consolation ?

– Cela lui arrive de le tenir contre elle et d'en être émue. Mais la plupart du temps, elle ne le calcule pas. »

Lucrèce secouait la tête comme si elle ne parvenait pas à s'y faire, ou à y croire.

« Ce n'est pas grave, reprit Emmanuelle, il a toute la vie devant lui. Tu sais, le grand paradoxe, c'est que la mort de ma sœur a rétabli une sorte d'équilibre familial. Un truc que je n'ai pas connu depuis des années, et que je m'étais résignée à ne plus jamais revivre. Ma mère parle autrement qu'au moyen de slogans. Mon père a retrouvé une place, il la soutient, il l'épaule, il s'occupe d'elle, il s'occupe de nous tous. Il y a quelque chose d'abject dans ce que je vais te dire, mais puisqu'on est entre nous, voilà : il arrive de nouveau à mon père de rire. »

Emmanuelle scruta le visage de Lucrèce qui demeurait de marbre, et elle nota alors les cheveux raccourcis à la nuque et la main gauche nue, même si à l'annulaire, on voyait encore la bande plus pâle d'une alliance.

« J'ai trois filles, répondit Lucrèce à la question qu'Emmanuelle ne pouvait se résoudre à poser. Cette semaine, elles sont chez leur père. Je me suis barrée après les élections. »

Emmanuelle brûlait de lui demander si elle jouissait de sa liberté retrouvée ou si quelqu'un avait déjà pris la place de l'époux éconduit.

« Pour le moment, continua Lucrèce, l'air amusé par sa discrétion, je fais ce qui me plaît et je ne pense à rien d'autre. »

Une détonation sèche interrompit les bavardages paisibles de la terrasse. D'autres explosions suivirent, comme si une partie de tir avait lieu à quelques mètres de là. On sursauta, le vacarme des voix s'accrut, les têtes se dévissèrent en direction du boulevard Saint-Michel, dont la circulation n'indiquait aucune perturbation particulière. La foule hésitait entre l'insouciance et l'inquiétude.

Réveillé par le bruit, ou alerté peut-être par la tension soudaine de sa mère, Paul s'était mis à soupirer, les yeux encore clos, puis comme ses soupirs évoluaient vers des larmes que les caresses de sa mère ne calmaient pas, Emmanuelle le désincarcéra de son écharpe. Elle attrapa le regard de Lucrèce sur son fils, fixe, intense.

« Tu le veux ? »

Lucrèce prit l'enfant dans ses bras et le berça d'une

façon particulière, de haut en bas, si bien que le bébé se calma aussitôt, un regard étonné sur cette dame qu'il n'avait jamais vue.

« Des bombes lacrymos, observa Emmanuelle quand une nouvelle détonation retentit. Un désaccord entre la Préfecture et les organisateurs sur l'itinéraire de la manif. J'en viens : c'est la nasse et le gaz.

– Qu'en pense ta femme ? C'est son rayon si je ne m'abuse.

– Depuis qu'elle n'a pas été investie, le rayon de Diane, c'est la section de l'intérieur au Conseil d'État.

– Elle va jusqu'à t'accompagner en manif ?

– Faut pas déconner non plus. »

Elles rirent. Paul babillait en jouant avec le bouton doré sur le blaser de Lucrèce.

« Tu n'as plus rien écrit depuis ton enquête sur les jurys populaires. "Les jurés se trompent aussi." Quand on pose ce genre de bombe, c'est qu'on s'en va.

– Oh, je ne vais nulle part. À mon retour de congé mat' je vais succéder à Claude. »

Lucrèce rectifia :

« Tu prends sa place, en fait. Tu sais que je t'admire. »

En réprimant un sourire, Emmanuelle reprit Paul qui s'impatientait et le remit dans son écharpe.

« Et toi, ton livre ? demanda-t-elle à Lucrèce.

– L'affaire me fascine toujours autant. Le parquet a fait appel sur la peine, il y aura donc un nouveau procès, mais quand ? Deux ans, trois ans ? D'ici là, il faut que je trouve autre chose à me mettre sous la dent.

– Un an, un an et demi tout au plus : c'est la loi. Ça

te laisse juste le temps de te préparer. Tu as mis la main sur le dossier ?

– Je ne sais pas si je veux voir le dossier. Mais j'y suis retournée, à Chambéry. J'ai fait quelques entretiens. Je n'y vois pas beaucoup plus clair. Plutôt moins, en vérité. »

Emmanuelle s'attendait à ce que Lucrèce lui pose des questions, mais celle-ci ne semblait rien attendre d'elle, sauf peut-être sa compagnie.

De proche en proche, la foule qui se dirigeait vers le carrefour de Cluny vrombissait, des sirènes hurlaient, un escadron de policiers descendait au trot le boulevard dont la circulation était désormais bloquée. Le temps pressait, il fallait faire vite. Emmanuelle se saisit de son sac, en sortit le carnet de Dorine et le posa sur la table à côté de leurs verres vides. À la manière dont Lucrèce fourra ses mains entre ses cuisses, Emmanuelle mesura l'effort de volonté que cette femme devait déployer pour ne pas s'en emparer sur-le-champ.

« J'ai bien réfléchi. Il est pour toi. »

Les yeux de Lucrèce étincelaient d'un feu ardent, et tandis qu'elle rangeait le carnet dans l'ample poche de son manteau, Emmanuelle ne put s'empêcher d'admirer une dernière fois la grâce de ses traits sombres.

« Sache que je ne l'ai pas lu. Tu seras la première. »

Puis Emmanuelle dit qu'elle devait partir, elle était déjà en retard pour le goûter avec Diane et Ida, en semaine elles ne voyaient presque plus leur nièce depuis que celle-ci avait commencé son stage à l'École de danse de l'Opéra de Paris.

« Elle vit avec vous ?

– C'était plus simple comme ça », répondit Emmanuelle, sans s'étendre davantage sur ce qui n'avait pas été moins qu'un *casus belli* avec la belle-famille de sa sœur.

Comme elle se levait pour payer l'addition, Lucrèce l'attrapa par la main.

« Je voulais te dire à propos de Chambéry… », commença-t-elle, et Emmanuelle se rassit. « La vérité, c'est que tu me plaisais. »

Immédiatement après, elle s'en alla. Emmanuelle la regarda remonter vers le portail de la Sorbonne, puis tourner à droite rue Victor-Cousin. Elle caressait le dos de son fils assoupi, songeant qu'à son tour elle lui dirait la vérité, dans quelques mois, quand Lucrèce aurait achevé sa propre enquête, Emmanuelle lui raconterait son retour à Chambéry l'été précédent, le détour par la maison d'Annecy, la réaction de Dorine à la vue du carnet, *donnez-le à qui vous voulez, je n'en veux pas chez moi*, elle lui narrerait le calvaire pour obtenir du centre pénitentiaire d'Aiton un entretien au parloir avec un tueur en série, les résistances du directeur courtois et hostile avant qu'il ne cède à l'assaut de cette journaliste têtue, les regards compatissants des surveillants lorsque son gros ventre ballotté à chacun de ses pas avait traversé le couloir vers ce qu'ils imaginaient être le mauvais père, elle lui dépeindrait le visage d'Alexandre vieilli de mille ans en quelques mois, les trois mots qu'il avait peiné à articuler en écho à ses questions simples, les yeux pâles abrutis par les traitements, le front qui s'effondrait sur la table, et cette remarque, *vous êtes là pour écrire un livre qui me fera connaître*, et sa fureur lorsqu'elle hurla en réponse : « Un jour tu sortiras d'ici et il te faudra faire quelque chose de ta vie. » Elle dirait à Lucrèce : ni les cris, ni les larmes, ni toutes les mères du monde ne peuvent plus rien pour cet homme devenu celui qu'on avait jugé.

Mais avant, Lucrèce devait achever son travail.

« Je suis le poète de la femme tout autant que de l'homme,
Et je dis qu'il est tout aussi grand d'être une femme que d'être un homme,
Et je dis qu'il n'y a rien de plus grand que la mère des hommes. »

Walt Whitman, *Feuilles d'herbe*

Remerciements

L'écriture de ce roman m'a demandé des recherches sur la chronique judiciaire, les procès d'assises et la procréation médicalement assistée pour les couples de femmes.

Je tiens à exprimer mon amitié et ma gratitude à Henri Seckel – ce roman lui doit beaucoup. Merci à Frédéric Chiola dont la conversation m'a aidée à déjouer bien des pièges. Je n'ai jamais rencontré Pascale Robert-Diard, mais ce livre, comme la chronique judiciaire, lui est très redevable, comme il est redevable à maître Eolas et au très regretté Maître Mô qui ont porté le blog judiciaire au rang d'encyclopédie et d'œuvre d'art.

La justice est une affaire de femmes et d'hommes. Je suis allée en rencontrer un certain nombre, lors des procès d'assises auxquels j'ai assisté, mais pas seulement. Je voudrais leur témoigner mon admiration et ma reconnaissance (elles et ils se reconnaîtront).

Merci à maître Laure Heinich pour ses conseils et ses encouragements.

Je remercie mes amies – elles aussi se reconnaîtront – grâce à qui j'ai pu me glisser dans la peau d'Emmanuelle et de Diane de manière informée.

Ce roman est librement inspiré de trois procès d'assises, et plus généralement des mille façons dont leurs audiences ont été traitées par la presse et reçues par l'opinion publique. Toute erreur sur la chronique judiciaire, les assises, les faits ou tout autre sujet sont les miennes ou celles de mes personnages.

Mon amitié et ma reconnaissance à Olivier Rubinstein, qui a toujours cru en ce roman.

Compter Louise Danou comme éditrice et comme amie est déjà une sacrée veine, mais je dois dire que, pour ce livre, elle a aussi tenu les rôles de doula, psy, cerbère, sauveteuse, avocate et grande sœur – qu'elle en soit tendrement remerciée.

Travailler avec Anna Pavlowitch est une source de joie sans cesse renouvelée, je la remercie de son soutien inconditionnel. Merci à Gilles Haéri de sa confiance, à Marie-Pierre Coste-Billon pour l'œil précis et les débats souriants, et tous chez Albin Michel pour leur gentillesse et leur excellence.

Je remercie la communauté du monastère de Lérins de m'avoir reçue en retraite.

Emmanuelle Borgia te doit ses goûts pointus et son art du pilotage ; ce livre te doit la possibilité matérielle et morale d'avoir été écrit ; et moi, je n'oublierai jamais l'éclat dans tes yeux lorsque je te l'ai fait lire pour la première fois. Merci Arthur.

Merci à mes enfants (je vous aime).

DE LA MÊME AUTRICE

TECHNOPOUVOIR. DÉPOLITISER POUR MIEUX RÉGNER, Les Liens qui libèrent, 2019.

L'AMOUR ET LA VIOLENCE, Flammarion, 2021 ; J'ai lu, 2023.

DE L'INCONVÉNIENT D'ÊTRE RUSSE, Albin Michel, 2023 ; J'ai lu, 2025

Composition : IGS-CP
Impression : CPI Firmin Didot en décembre 2024
Éditions Albin Michel
22, rue Huyghens, 75014 Paris
www.albin-michel.fr

ISBN : 978-2-226-48488-8
N° d'édition : 25511/01 – N° d'impression : 181869
Dépôt légal : janvier 2025
Imprimé en France